保育で役立つ

発達心理の専門家が教える

気になる子のサポートBOOK

公認心理師　公益社団法人
発達協会 常務理事
湯汲英史
監修

日本文芸社

付録カードの使い方

25枚あるよ！

4ページからの付録カードは、点線に沿ってカットして、自由にお使いください。
カードファイルに入れたり、ラミネート加工したりすると丈夫になるので、長くご活用いただけます（声の大きさカードや時計カードは、カラーコピーしてからカットするのがおすすめです）。

声の大きさカード

子どもにカードを見せながら、3段階の声の大きさを練習してみましょう。

ネズミさんの声
ヒソヒソ話しているときの小さな声

ネコさんの声
いつも話しているくらいの声

ゾウさんの声
遠くまで聞こえるような大きい声

静かにするときは「ネズミさんの声になって」、元気に活動するときは「ゾウさんの声を出してみよう」などと声かけすると、子どもに伝わりやすくなります。最初はカードを見せながら練習して、それぞれの声の大きさを一緒に確認。慣れてくると、カードを見せなくても分かる子が増えていきます。

時計カード

まずは、時計と針の形に（できればカラーコピーした）ページを切り取ります。長針と短針の根元を中央の点に合わせ、画鋲などで壁にとめておきましょう（割りピンを使えば、持ち運んで使うこともできます）。針を動かしながら子どもに説明できるため、「長い針が12のところまで来たら終わりだよ」といった話が分かりやすくなります。まだ数字が読めない子には、色で伝えるのもいいでしょう。

シチュエーションカード

園での場面を想定したイラストが表面に、子どもへの問いかけ方などが裏面に記載されています。子どもにイラスト面を見せて、自分ならどうするか（何と言うか）を考えてもらい、よりよい行動や言葉を身に付けてもらうためのカードです。複数の子どもに対してクイズのように出題したり、指導が必要な場面で活用したりと、さまざまな場面で取り入れてみましょう。

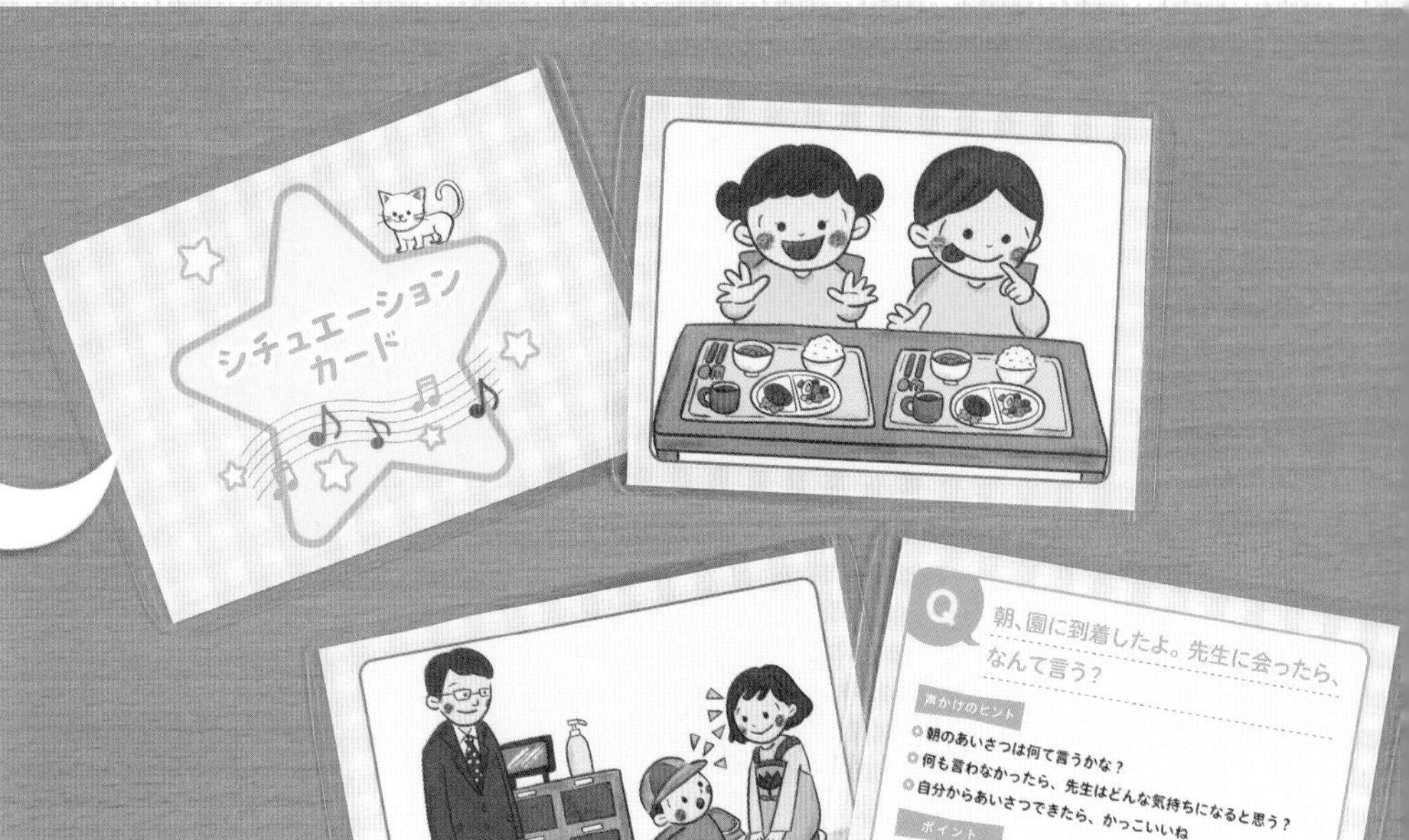

年齢や発達によって適切な答えが変わってくる可能性もあるため、あえて「正答」は記載していません。
「声かけのヒント」や「ポイント」を参考にしながら、子どもの状況や様子に応じて導き方を調整してみてください。

声の大きさカード

時計カード

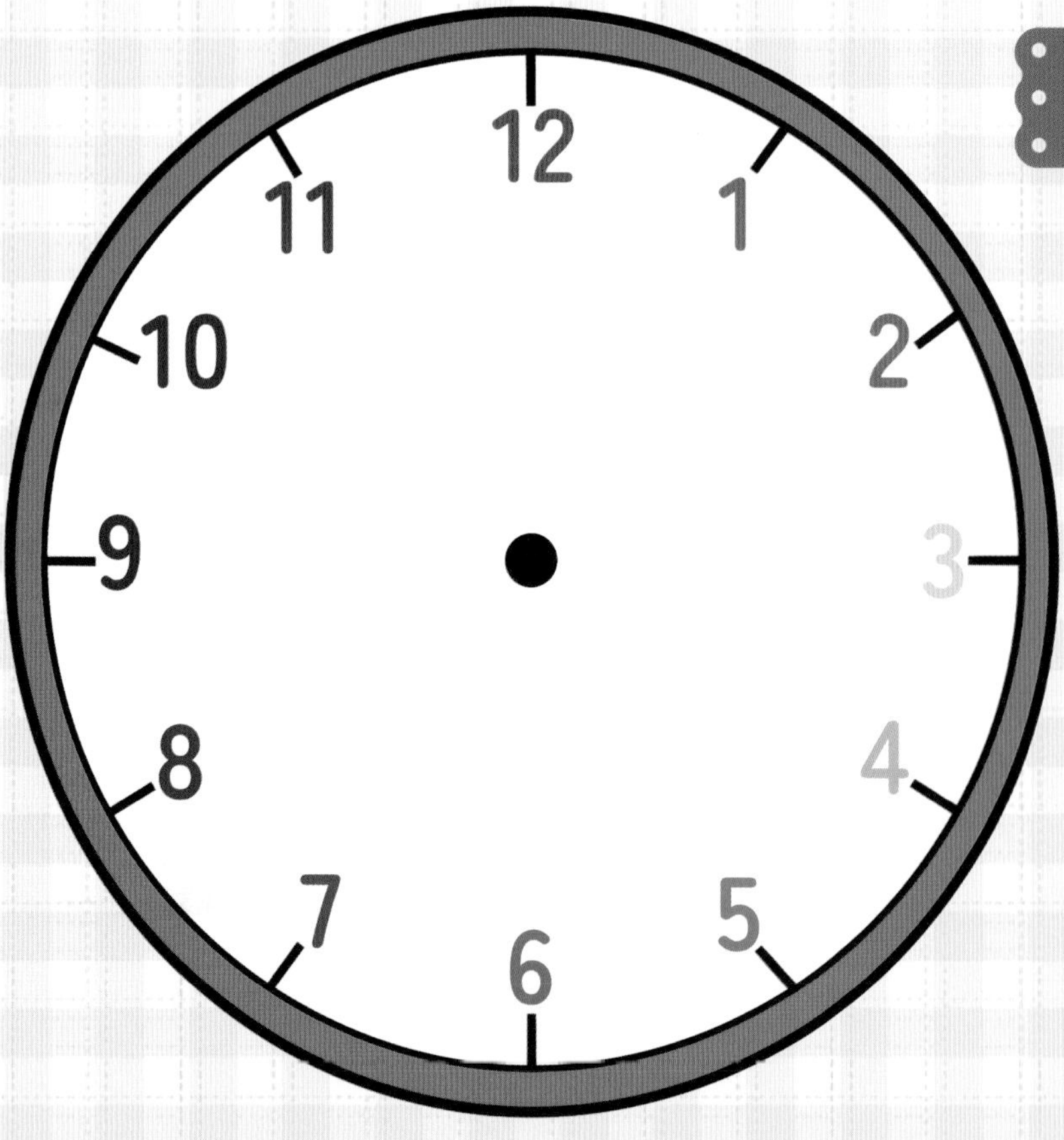

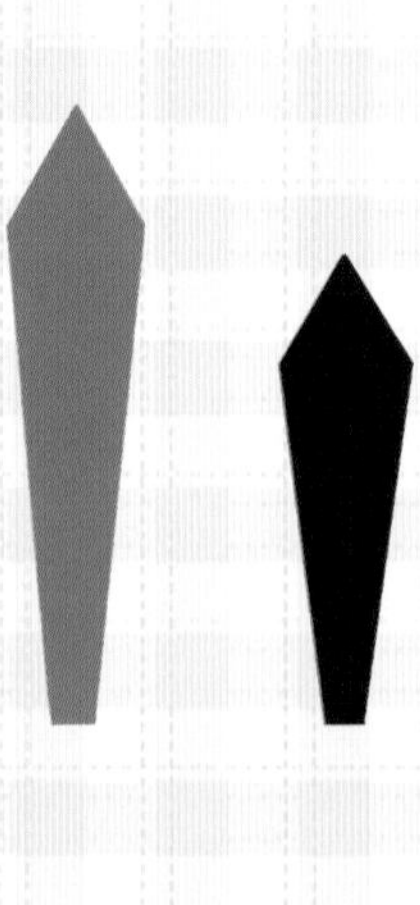

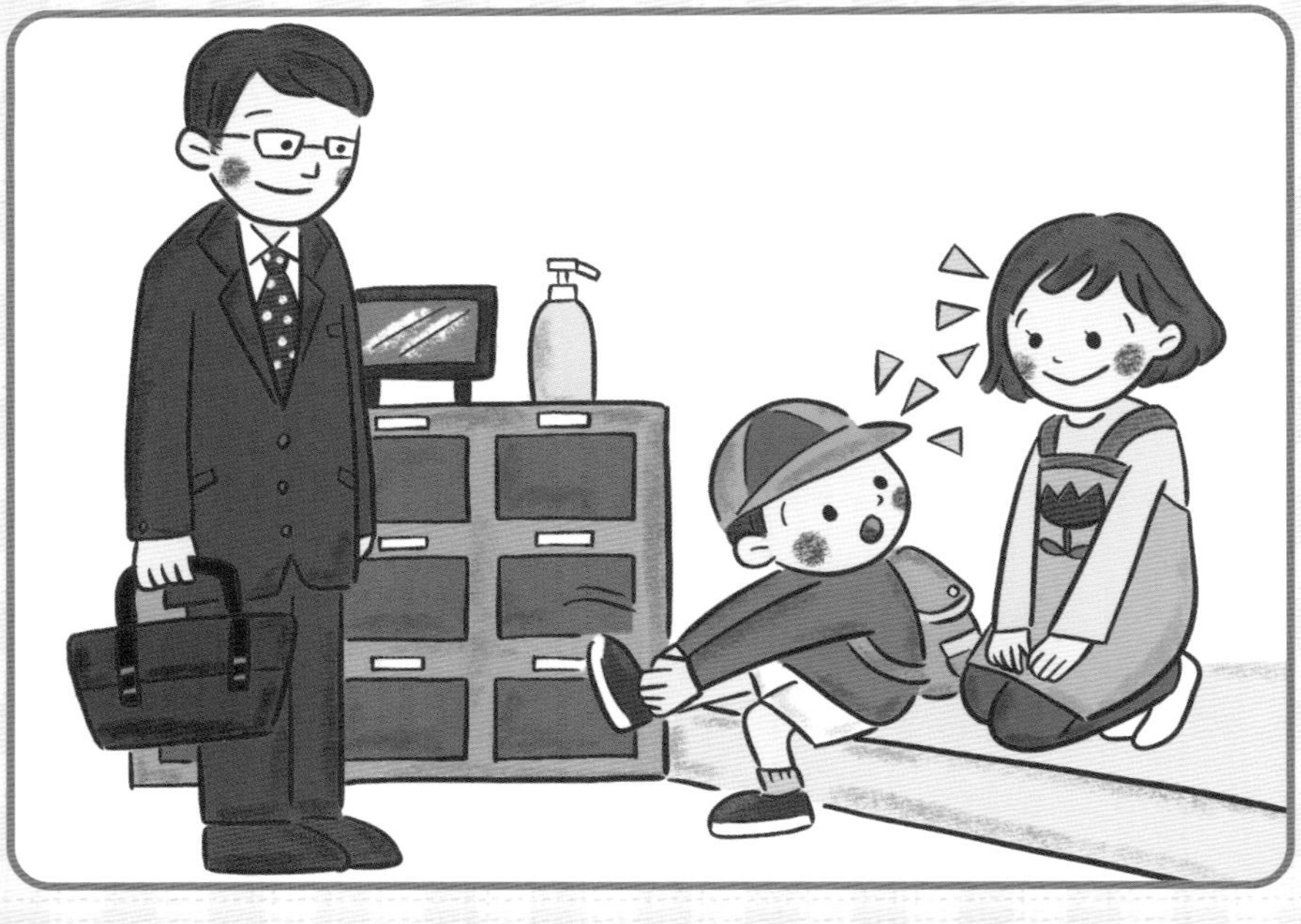

シチュエーション
カード

Q 朝、園に到着したよ。先生に会ったら、なんて言う？

声かけのヒント

- **朝のあいさつは何て言うかな？**
- **何も言わなかったら、先生はどんな気持ちになると思う？**
- **自分からあいさつできたら、かっこいいね**

ポイント

時間帯に応じたあいさつの言葉を確認しつつ、自分からあいさつすることの大切さに気付いてもらいましょう。

Q お昼になって、おいしそうなご飯が出てきたよ。食べる前に、なんて言う？

声かけのヒント

- **おいしそうでも、何も言わずに食べちゃうのはよくないね**
- **ご飯を作ってくれた人に、ありがとうの気持ちを伝えたいね**
- **ご飯を食べる前のあいさつ、思い出せるかな？**

ポイント

園での約束事に応じて、「いただきます」の言葉と共に、手を合わせるといった動きを練習するのもいいですね。

Q お父さん／お母さんが迎えに来て、帰る時間になったよ。先生に、なんて言う？

声かけのヒント

- **帰るときのあいさつには、どんなものがある？**
- **何も言わないで帰っちゃうのは悲しいね**
- **自分から言えたらすごいね！**

ポイント

「さようなら」のほか、「バイバイ」「また明日」など、いろいろなあいさつの言葉を子どもから引き出してみるのもいいでしょう。

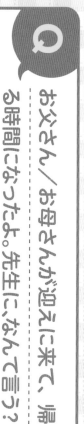

Q 散歩の後、石けんで手を洗ったよ。濡れた手は、どうする？

声かけのヒント

- **洋服で拭いたら、ビシャビシャになっちゃうね**
- **濡れた手を振り回したら、横にいるおともだちはどうなる？**
- **奥の方にかかっているのは何かな？**

ポイント

濡れた手をそのままにしたり、洋服で拭いたりする子も多いもの。園でのルールに応じて、正しく衛生的な方法を確認していきます。

Q 楽しく遊んでいるとき、おしっこをしたくなってきたら、どうする？

声かけのヒント

- **ずっと我慢してたら、どうなっちゃうかな？**
- **この子は、どこに行きたいと考えていると思う？**
- **みんなは、遊んでいるときもちゃんとトイレに行けるかな？**

ポイント

トイレに行きたくなっても、ギリギリまで我慢してしまう子がいます。自分から行ける（行きたいと言える）ことの大切さを教えましょう。

Q「はっくしょん！」とくしゃみが出て、鼻水が垂れてきたら、どうする？

声かけのヒント

- **洋服で拭いたり、手でぬぐったりしたら汚れるね**
- **鼻水をすすると、体によくないよ**
- **棚の上にあるものは、何かな？**

ポイント

鼻水を洋服で拭いたりすすったりするのではなく、ティッシュで鼻をかむことの大切さを伝え、正しい方法を練習していきましょう。

Q 遊んでいるとき、だんだん具合が悪くなってきたら、どうする？

声かけのヒント

- **そのまま遊んでいたら、危ないね**
- **みんなだったら、どの先生に言う？**（どの先生に言ってもいいんだよ）
- **お腹や頭が痛かったり、けがをしたりしたときはどうかな？**

ポイント

園児の体調不良や異変について、保育者ができるだけ早く気付くことが大前提ですが、子ども自身が訴える力を伸ばすことも必要です。

Q コップにお茶を入れているとき、机にこぼしちゃったら、どうする？

声かけのヒント

- そのままにしておいたら、どうなるかな？
- お茶を洋服で拭いたら、ビシャビシャになっちゃうね
- 机の上を拭く道具は、何があると思う？

ポイント

失敗しても焦らず、自分でしっかりと対処する姿勢を伝えます。机を拭く適切な方法も、子どもと確認できるといいでしょう。

Q お昼寝の時間、少し早く目が覚めてしまったら、どうする？

声かけのヒント

- ほかの子は何をしているかな？
- 起きた子がうるさくしたら、どうなっちゃう？
- 先生にお話ししたいときは、どんな声にすればいい？

ポイント

「まだ眠っている子がいる」という視点を教え、起こさないためにはどのように行動すればいいか、子どもに考えてもらいましょう。

Q 1つしかないクレヨンをおともだちも使いたいとき、どうする？

声かけのヒント

- 1つしかないから、同時には使えないね
- 2人とも緑のクレヨンが使いたいんだね
- 独り占めしたら、隣の子はどう思うかな？

ポイント

限られたものを平等に、仲良く使うためにはどうすればいいか子どもに考えてもらい、「じゅんばんこ」の意味や大切さを伝えていきます。

Q おともだちが使っているおもちゃで遊びたくなったら、どうする？

声かけのヒント

- 何も言わずに取ったら、おともだちはどんな気持ちかな？
- 自分も使いたいとき、なんて言えばいいと思う？
- 一緒に仲良く遊ぶには、どうしたらいいかな？

ポイント

自分の気持ちだけを押し通さず、「貸して」「次に使わせて」といった言葉や、相手の気持ちを踏まえた交渉が必要なことを教えましょう。

Q 工作のとき、欲しいものがなかったら、どうする？

声かけのヒント

- **この子は何を探していると思う？**
- **ピンクの折り紙がないって、誰に言えばいいかな**
- **工作をやめちゃう？　それとも、代わりの色を探せるかな**

ポイント

必要なものがない場合は保育者に伝えるほか、代わりの色を使用するなど、気持ちを切り替える柔軟性を教えられると理想的です。

Q かくれんぼに誘われたけど、自分はやりたくないとき、なんて言う？

声かけのヒント

- **何も言わないで逃げたら、おともだちがびっくりしちゃうね**
- **我慢して遊んでも、楽しくないかもしれないね**
- **やりたくない気持ちが、どうしたらうまく伝わるかな？**

ポイント

「やだ」とはっきり伝える方法のほか、「ちょっと今日はやりたくないんだ」など、少し柔らかい表現を学ぶきっかけにしていきましょう。

Q おともだちがじょうろの水をこぼして、少しだけかかったら、どうする？

声かけのヒント

- **わざと水をこぼしたわけじゃなさそうだね**
- **洋服が濡れたね。少しかな？　たくさんかな？**
- **水がこぼれたけど、何か手伝ってあげられるかな？**

ポイント

状況によっては、相手を責めるべきでないときもあります。ほんの少し濡れた程度なら、着替えなくても大丈夫という感覚も伝えましょう。

Q おともだちがぶつかって、せっかく作った粘土のネコが壊れたら、どうする？

声かけのヒント

- **頑張って作ったものが壊れちゃったら、悲しいね**
- **この子が謝ってくれたら、どうかな？**
- **「わざと」と「わざとじゃない」、どっちだと思う？**

ポイント

わざとでなく、謝罪の言葉があれば、許す姿勢も大切だと伝えたいところ。ぶつかった側の視点に立ってもらうのもいいでしょう。

スタート
ゴール

Q すごろくで遊んでいたけど、自分がビリになっちゃったら、どうする？

声かけのヒント

- **すごろくは勝ち負けがある遊びだから、負けちゃう人もいるよね**
- **負けたとき、大騒ぎしたり泣いたりすると、楽しくないね**
- **勝っても負けても、楽しく遊ぶにはどうしたらいいかな？**

ポイント

勝ち負けに強いこだわりを持つ子には、負けることもあり得ることを教え、気持ちを切り替える言葉を伝えていく必要があります。

Q 何もしていないのに、急におともだちが押してきたら、どうする？

声かけのヒント

- **嫌なことをされたら、なんて言えばいいかな？**
- **自分もやり返すのはどうかな？**
- **どうしてこの子は押してきたんだと思う？**

ポイント

はっきりと「痛いよ」「やめて！」と伝える重要性に加えて、年齢によっては「どうして押すの？」と理由を尋ねる姿勢も育んでいきましょう。

Q おともだちが楽しそうに遊んでいるとき、自分も入りたかったら、なんて言う？

声かけのヒント

- **この子も一緒に、電車ごっこがしたいんだね**
- **何も言わないで勝手に入ったら、おともだちはどう思うかな？**
- **黙っていると、遊びたい気持ちが伝わらないかもしれないね**

ポイント

「僕も（私も）入れて」「一緒にやっていい？」など、自分の気持ちを伝える適切な方法を子ども自身に考えてもらいましょう。

Q 楽しく遊んでいるとき、先生に「終わりの時間だよ」と言われたら、どうする？

声かけのヒント

- **終わりの時間を決めるのは、みんなかな？　先生かな？**
- **今は終わりだけど、明日になったらまたできるね**
- **おともだちが「まだやろう」って言ったら、どうしよう？**

ポイント

遊びの時間を決めるのは保育者であり、ルールに従う必要があることを確認しつつ、「残念」「仕方ない」といった言葉を教えていきます。

Q かけっこが速いおともだちをすごいと思ったら、なんて言う？

声かけのヒント

- 「すごい！」と思っても、言葉にしないと分からないね
- どんな言葉で褒めたら、喜んでもらえるかな？
- 自分だったら、いいところをどんなふうに褒められたい？

ポイント

相手の長所を褒められることも、大切なコミュニケーションスキルの一つ。具体的なセリフをたくさん引き出していきましょう。

Q 小さなおともだちが泣いているのを見かけたら、どうする？

声かけのヒント

- どうしてこの子は泣いているんだろうね？
- 「うるさい」「泣いちゃだめ」って言ったら、どうなるかな？
- 困ったら、誰に言いに行けばいいかな？

ポイント

泣いている子をなぐさめる大切さや具体的な声かけを教えつつ、困ったらすぐに保育者へ相談することも確認しておきましょう。

Q おともだちが落とし物を拾ってくれたら、なんて言う？

声かけのヒント

- 落としちゃったハンカチを、この子が拾ってくれたんだね
- 何も言わないで受け取ったら、拾った子はどんな気持ちになる？
- どんな言葉で気持ちを伝えたらいいかな？

ポイント

人から親切にしてもらったとき、しっかりとお礼を言う力は重要です。「ありがとう」を恥ずかしがらずに言う練習をしてみましょう。

Q おともだちから「上手だね！」と褒められたら、どうする？

声かけのヒント

- 後ろの子は、どうして褒めてくれているのかな？
- 褒めてもらったとき、みんなはどんな気持ちになる？
- どんなふうにお返事するといいかな？

ポイント

実際には照れてしまう場面もあるかもしれませんが、素直に受け取り、お礼の言葉を言うことが望ましいと伝えていきましょう。

もくじ

第1章 気になる子からのSOSサイン

第2章 気になる子の保護者へのサポート

第3章 周囲の子を含めた包括的な支援

第4章 園・地域での受け入れ体制と連携

第5章 知っておきたい子どもの障害・特性

本書の使い方

この本は、気になる子への対応について悩む保育者を主な対象とし、さまざまな視点からポイントを解説しています。

それぞれの背景に応じた、適切な声かけやサポートの一例を解説しています。

困った言動をする子どもの背景について、どんな可能性があるかを示しています。

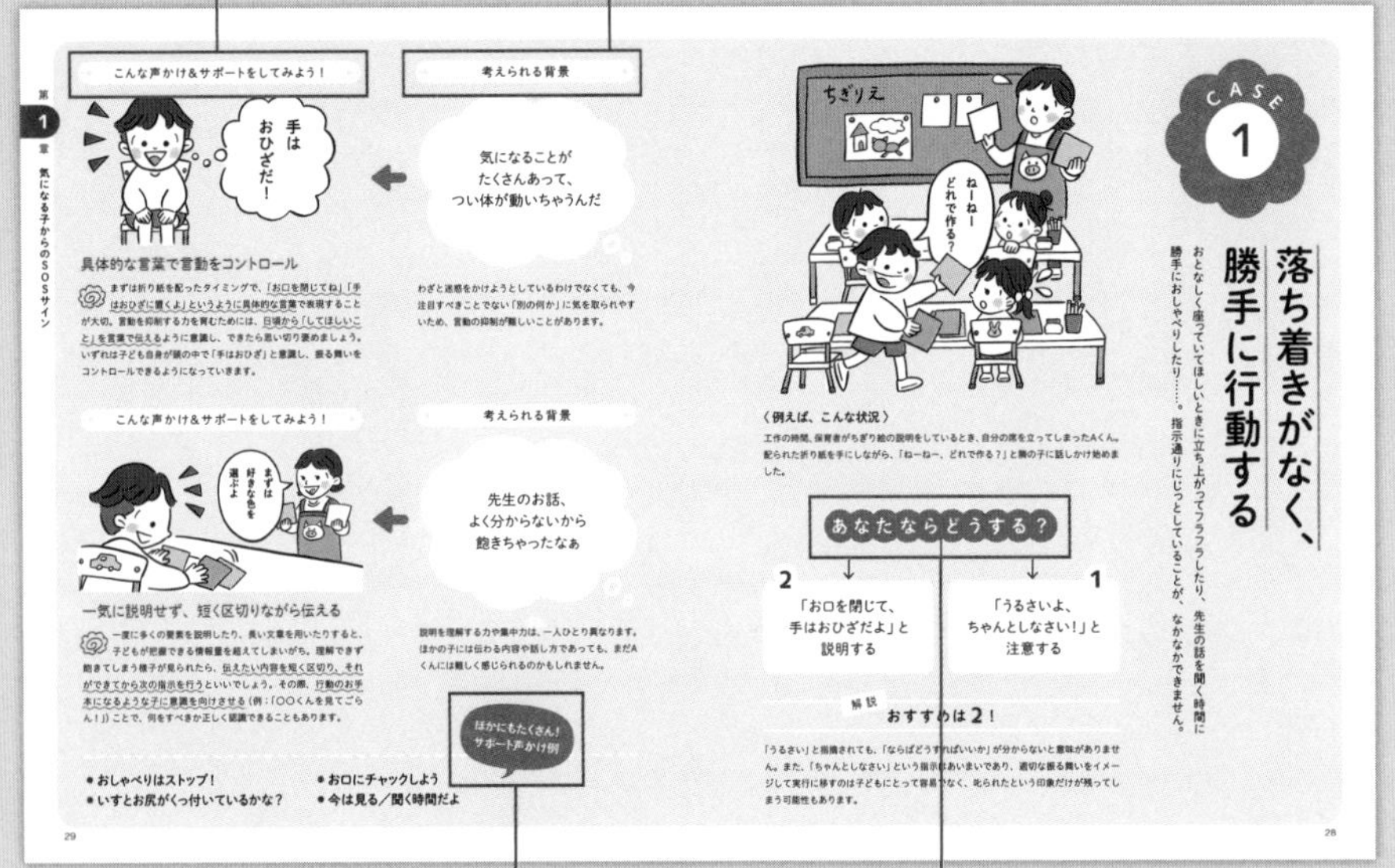

CASE 1

落ち着きがなく、勝手に行動する

おとなしく座っていてほしいときに立ち上がってフラフラしたり、先生の話を聞く時間に勝手におしゃべりしたり……。指示通りにじっとしていることが、なかなかできません。

〈例えば、こんな状況〉

工作の時間、保育者がちぎり絵の説明をしているとき、自分の席を立ってしまったAくん。配られた折り紙を手にしながら、「ねーねー、どれで作る？」と隣の子に話しかけ始めました。

あなたならどうする？

1 「うるさいよ、ちゃんとしなさい！」と注意する

2 「お口を閉じて、手はおひざだよ」と説明する

解説 おすすめは2！

「うるさい」と指摘されても、「ならばどうすればいいか」が分からないと意味がありません。また、「ちゃんとしなさい」という指示はあいまいであり、適切な振る舞いをイメージして実行に移すのは子どもにとって容易でなく、叱られたという印象だけが残ってしまう可能性もあります。

28

第1章 気になる子からのSOSサイン

こんな声かけ＆サポートをしてみよう！

考えられる背景

気になることがたくさんあって、つい体が動いちゃうんだ

手はおひざだ！

具体的な言葉で言動をコントロール

まずは折り紙を配ったタイミングで、「お口を閉じてね」「手はおひざに置くよ」というように具体的な言葉で表現することが大切。言動を抑制する力を育むためには、日頃から「してほしいこと」を言葉で伝えるように意識し、できたら思い切り褒めましょう。いずれは子ども自身が頭の中で「手はおひざ」と意識し、振る舞いをコントロールできるようになっていきます。

わざと迷惑をかけようとしているわけでなくても、今注目すべきことでない「別の何か」に気を取られやすいため、言動の抑制が難しいことがあります。

こんな声かけ＆サポートをしてみよう！

考えられる背景

先生のお話、よく分からないから飽きちゃったなぁ

まずは好きな色を選ぶよ

一気に説明せず、短く区切りながら伝える

一度に多くの要素を説明したり、長い文章を用いたりすると、子どもが把握できる情報量を超えてしまいがち。理解できず飽きてしまう様子が見られたら、伝えたい内容を短く区切り、それができてから次の指示を行うといいでしょう。その際、行動のお手本になるような子に意識を向けさせる（例：「○○くんを見てごらん！」）ことで、何をすべきか正しく認識できることもあります。

説明を理解する力や集中力は、一人ひとり異なります。ほかの子には伝わる内容や話し方であっても、まだAくんには難しく感じられるのかもしれません。

ほかにもたくさん！サポート声かけ例

- おしゃべりはストップ！
- いすとお尻がくっ付いているかな？
- お口にチャックしよう
- 今は見る／聞く時間だよ

29

類似した事例で活用できる声かけを、いくつか挙げています。

もし同じ状況になったら、保育者としてどちらの選択肢を選ぶか考えてみましょう。

第 1 章

まずは、気になる子をサポートするために覚えておきたい心構えをチェック。基本的な考え方が分かったら、次はケース別の対応について理解を深めていきましょう。最初から順番に読んでも、興味があるページをピックアップして読んでもOK。

園での様子を保護者に確認してもらう方法

いつもの園での様子を見てもらうために

「百聞は一見に如かず」という言葉がありますが、これは保育にも当てはまります。自宅と園で、子どもがまったく違う様子だったり、予想外の言動を見せたりすることは少なくありません。だからこそ、保育者と保護者が連携し、情報共有を図ることが重要なのです。

しかし、言葉だけで詳細までをイメージしてもらうことはなかなか難しいもの。気になる言動がある子かどうかにかかわらず、保護者が「集団生活の中でのわが子」を知る機会は少なく、園からの発信が大きな意義を持つと考えられます。

園での様子を保護者に確認してもらうためには、左ページのような方法があります。行事や参観日のような特別な日に限定せず、日常生活を見てもらうことに重点を置きましょう。近年では、保育現場におけるICTツールの導入が進み、さまざまなかたちでの情報共有が可能になっているため、園の状況に応じて活用を検討していきたいところです。

88

第2章 気になる子の保護者へのサポート

保護者に園での様子を見てもらう手段

写真

保育者が子どもたちの様子をカメラで撮影し、おたよりに掲載したり、園に掲示したりする方法です。日常的に行っている園が多いと思いますが、気になる子の様子（特におともだちとの関わりの様子）を共有するという観点でも役立てられるでしょう。動画撮影より手軽に行いやすい点も魅力です。

見学

保育参観で子どもたちの様子を見てもらうほか、気になる点があるときなどには、保護者が子どもの様子をこっそり見られるよう配慮するケースも。子どもに見つかると大騒ぎになるので、マスクや帽子で顔を隠してもらうなど、ちょっとした「変装」をお願いすることもあるようです。

動画

普段の遊びや製作活動、食事、散歩などの様子を動画撮影しておき、保護者が集まるイベントなどで流す方法です。最近では、園での生活をライブ配信・動画配信するところも増えてきました。個人情報の取り扱いには注意が必要ですが、いつでも気軽に子どもの様子が見られるメリットは大きいでしょう。

保育ドキュメンテーションとは？

保育ドキュメンテーションとは、子どもたちの成長のプロセスを写真や動画などで記録していき、よりよい保育や対話のために役立てることを意味します。保護者へ子どもの様子を視覚的に伝えるほか、保育者が自身の業務を振り返る、保育者同士での検討材料にする、子どもに見せてコミュニケーションツールにするなど多くの意義があると考えられており、近年注目されています。

○○公園に行ってきました！

89

関連する＋αの情報を加えているページもあります。

文字だけでなく、イラストや図表を交えながら分かりやすく説明しています。

特に重要なポイントは、本文中に赤いラインマーカーが引いてあります。

第 2 ～ 4 章

気になる子への対応について、より多角的な視点から解説していきます。気になる子を育てる保護者へのサポートが知りたいときは第2章、周囲の子も含めたクラス運営について考えたいときは第3章、園内や地域での連携を深掘りしたい場合は第4章をめくってみましょう。

第 5 章

子どもの発達に関連する障害や特性について、保育者が知っておきたい基礎的な点をまとめたページです。起こりやすい子どもの言動や、対応のポイントなども掲載しています。

第 1 章

気になる子からの SOSサイン

大人の目線で「気になる」と感じるような言動であっても、
子どもの目線に立って考えると、違った側面が見えてくるかもしれません。
ここでは、気になる子をサポートするために知っておきたい基本的な考え方に加え、
園で出合うことの多い20事例を通して、適切な対応のヒントをお伝えします。

気になる子をサポートするために

心がけること

園やクラスに「気になる子」がいたら…？

少しのことでパニックになる、頻繁にトラブルを起こす、いつも同じことで怒られる……。皆さんが働く園やクラスにも、こうした「気になる子」がいるかもしれません。どのように関わればいいか、迷ったり悩んだりしている方も多いでしょう。

こうした子どもたちに対して、大人の目線で「どう導くか？」と考えることも大切ではありますが、それだけでは不十分。大人が困ったと感じる言動は、子どもからの「困っている」というサインでもあるかもしれません。だからこそ、子どもの目線に立ち「困っていることは何か？」と探り、支える姿勢が大切です。

また、気になる言動がある子を、すぐ発達障害と結び付けるのはNG。医学的な判断は医師にのみ可能なものであり、しかも成長によって判断が変わっていくことも多いのです。背景に障害があるかどうかにかかわらず、目の前にいるその子に合わせたサポートを心がけることが肝心です。

一人ひとりと向き合うことが対応の基本

「気になる子」と聞くと、ひとくくりに考えてしまいがちですが、子どもは一人ひとり違います。決まった対応マニュアルがあるわけではありませんし、誰かに合っていた方法が、ほかの子にも適用できるとは限りません。

目の前にいる子どもと向き合い、その子に合わせた方法で支援するという意味で、基本的な対応の考え方は、通常の保育と変わらないといえるでしょう。必ずしも考えた対応がうまくいくとは限りませんが、根気よく関わっていく中で、その子への理解や関係性が深まっていきます。

子どもは成長の途中にあり、日々変化していくという視点も忘れてはなりません。さらに、保育者をはじめとした周囲の大人の関わり方も、子どもの言動に大きな影響を与えます。その子が育つ姿を中長期的な視野でも見守りながら、よりよい発達を促すような働きかけをすることこそ、保育者に求められる大切な役割なのです。

発達段階を振り返ろう

気になる子の言動を考える上では、典型的な子どもの発達について振り返ることも有用です。例えば、子どもが自己を形成していくにあたって、各段階で獲得する判断基準（＋よく見られる行動）には次のようなものがあります。

1歳過ぎ～
「取る／取られる」

おもちゃなどを取り合い、取られると怒ったり泣いたりする

2歳前後～
「いい／だめ」

自分にとっての「いい」基準をつくり、それに反すると激しく抵抗する

3歳前後～
「好き／嫌い」

自分の好きなことが明確になり、それを尊重するように求める

4歳前後～
「勝つ／負ける」

順位を理解できるようになり、勝ち負けの意識が強くなる

4歳頃～
「不安／安心」

見えないものへ不安を感じるようになり、人の感情にも興味を持つ

5、6歳前後～
「善い／悪い」

知識や道徳をベースに物事を判断したり、人を非難したりする

気になる子を見つけたら、まずすることは？

日頃の様子を観察する

- どんな場面で、どんなことに困っているか？
（逆に、どんなことはできるか？）
- 興味・関心を持っているのはどんなことか？
（逆に、嫌い・苦手なものは？）
- ほかの子どもとどのように関わっているか？
（様子を見たり、気にかけたりしているか？）

↓

原因・背景を考える

↓

その子に合った対応を検討する

その子をよく観察することからスタート

「いつもあの子はこうだから」「〇〇をするのは××だからに決まっている」と、保育者の中で気になる子のイメージが固まり、そこから抜け出せなくなってしまうことがあります。しかし、同じように見える行動でも、子どもによって原因や背景が異なることは少なくありません。思い込みだけで対応を検討してもうまくいかないので、目の前にいる子どもの様子をしっかりと観察する姿勢が大切です。

子どもを観察する際は、どんな場面で何に困っているか、どんなことに興味や関心を抱いているかを、具体的に把握できるといいでしょう。ほかの子どもとの関わりも重要なポイントの一つです。みんなと遊んでいなくても周囲の子をじっと見ていたり、後からおともだちのまねをしたりしていることがあり、意外なかたちで影響を受けているケースも。こうした情報をもとに検討を重ねることで、その子にぴったりの個別性ある対応に結び付きます。

「好きなこと調査」に挑戦してみよう

気になる子に対して、周囲を困らせるような言動ばかりに注目してしまってはいませんか。大人が視点を変えて、「この子は何が好きなんだろう？」と探ることが、よりよい対応を考えるヒントになることもあります。

特に、気になる子は、大人へのアピールがうまくない場合も少なくありません。だからこそ、保育者から話したり関わったりする機会を積極的につくりたいもの。子どもに対して、「あなたに興味があるよ」「仲良くなりたいな」と伝えることにもなります。

そこでおすすめしたいのが、子どもに対する「好きなこと調査」です。その子の興味・関心の対象を知るために、下のフキダシ内にあるような質問をしてみましょう。相手を深く知れるだけでなく、ポジティブで楽しい話題を通して話しやすい雰囲気をつくったり、信頼関係を築いたりすることにもつながっていくはずです。

こんなことを聞いてみよう！

- 好きな食べ物、嫌いな食べ物は？
- 何色が好き？
- 今、欲しいものはある？
- 仲良しの／大好きなおともだちは？
- 家族でお出かけして楽しかった場所は？
- 園の中で好きな／安心できる場所は？
- 園で何をしているときが楽しい？
- いつか行ってみたい場所はある？
- よく見るテレビ番組はある？

など

記録に残すことを忘れずに！

せっかく子どもの変化に気付いたり、いい情報が入手できたりしても、自分の心にとどめておくだけでは意義が半減してしまいます。大切な情報を忘れないためにも、ほかの保育者と共有したり経過を振り返ったりするためにも、記録を取ることを習慣付けましょう。保護者と共有すべき内容については、ぜひ園の連絡帳に記入を。保育者同士で確認したい内容は、個別にノートや記入シートなどを用意するのも一案です。こうした情報がまとまっていれば、専門家による巡回相談（130ページ参照）を受けたり、小学校などと連携したりするときにも役立つはずです。

気になる子に上手に伝わる 話し方のコツ

コミュニケーションの取り方を工夫しよう

子どもと話すときに大切なのは、「相手が理解できているか」を確認することです。ゆっくり・はっきり話すことを意識しながら、子どもの反応を見たり、質問したりしてみましょう。質問に答えない場合は、そもそも質問の内容を理解できていない可能性もあるため、説明や聞き方を変えることが必要かもしれません。また、「言える＝できる」とは限らない点にも注意が必要です。なぜなら、実際の経験を通して、言葉を覚えていく段階の子もいるからです。

気になる子に対しては、注意したり叱ったりする場面が特に多くなりやすいもの。しかし、保育者が感情的・威圧的になっても事態の改善にはつながらず、かえって子どもがヒートアップしたり、その子の自己肯定感を下げたりすることになりかねません。穏やかな表情・声で話すことを基本とし、子どもが騒ぐようなときにも落ち着くまで待ち、できるだけ冷静に話すことを心がけましょう。

子どもにとって「難しい表現」は避けて

しっかりと伝えよう、理解してもらおうとするあまり、子どもにとって難しい表現を用いていませんか？例えば、丁寧に説明しすぎて一度に伝える内容が複雑・過剰になり、かえって子どもが混乱するケースは少なくありません。一つの文に込める要素は一つだけに限定し、子どもの反応を見ながら情報を少しずつ提示するといいでしょう。

また、「〇〇しなかったら××できない」といったように、否定が重なるような言い方も望ましくないでしょう。両方の意味を反対にして、「〇〇したら××できる」と言った方が「つまり、どういうことか？」をとらえやすくなります。

同じように、「〇〇してはだめ」「ちゃんと」「きれいに」といった表現では、どのように行動すべきか分からない子もいます。だめなことを指摘したり、抽象的な言葉を用いたりするのではなく、望ましいあり方をストレートに伝える方が効果的です。

声かけのヒント

ヒント 1　一つの文に一つの要素

「棚からクレヨンを持ってきて、画用紙の上に名前を書いたら先生のところに持ってきましょう」

↓ こんな風にチェンジ！

「まず、棚からクレヨンを持ってこよう」
「次に、画用紙の上に名前を書くよ」
「書けたら持ってきてね」

ヒント 2　二重否定文を避ける

「片付けが終わらないと絵本が読めないよ」

↓ こんな風にチェンジ！

「片付けたら絵本の時間だよ」

ヒント 3　ストレートな表現に

「まだ机の上のおやつに触ったらだめだよ」

↓ こんな風にチェンジ！

「手はおひざ、だよ」

次ページから、具体的なケースと対応のヒントをご紹介！
①と②どちらの対応を取るべきか、一緒に考えてみましょう。

CASE 1

落ち着きがなく、勝手に行動する

おとなしく座っていてほしいときに立ち上がってフラフラしたり、先生の話を聞く時間に勝手におしゃべりしたり……。指示通りにじっとしていることが、なかなかできません。

〈例えば、こんな状況〉

工作の時間、保育者がちぎり絵の説明をしているとき、自分の席を立ってしまったAくん。配られた折り紙を手にしながら、「ねーねー、どれで作る？」と隣の子に話しかけ始めました。

あなたならどうする？

1
「うるさいよ、ちゃんとしなさい！」と注意する

2
「お口を閉じて、手はおひざだよ」と説明する

解説

おすすめは2！

「うるさい」と指摘されても、「ならばどうすればいいか」が分からないと意味がありません。また、「ちゃんとしなさい」という指示はあいまいであり、適切な振る舞いをイメージして実行に移すのは子どもにとって容易でなく、叱られたという印象だけが残ってしまう可能性もあります。

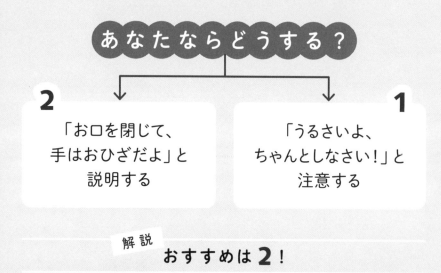

こんな声かけ&サポートをしてみよう！

具体的な言葉で言動をコントロール

まずは折り紙を配ったタイミングで、「お口を閉じてね」「手はおひざに置くよ」というように具体的な言葉で表現することが大切。言動を抑制する力を育むためには、日頃から「してほしいこと」を言葉で伝えるように意識し、できたら思い切り褒めましょう。いずれは子ども自身が頭の中で「手はおひざ」と意識し、振る舞いをコントロールできるようになっていきます。

考えられる背景

気になることが
たくさんあって、
つい体が動いちゃうんだ

わざと迷惑をかけようとしているわけでなくても、今注目すべきことでない「別の何か」に気を取られやすいため、言動の抑制が難しいことがあります。

こんな声かけ&サポートをしてみよう！

一気に説明せず、短く区切りながら伝える

一度に多くの要素を説明したり、長い文章を用いたりすると、子どもが把握できる情報量を超えてしまいがち。理解できず飽きてしまう様子が見られたら、伝えたい内容を短く区切り、それができてから次の指示を行うといいでしょう。その際、行動のお手本になるような子に意識を向けさせる（例：「〇〇くんを見てごらん！」）ことで、何をすべきか正しく認識できることもあります。

考えられる背景

先生のお話、
よく分からないから
飽きちゃったなぁ

説明を理解する力や集中力は、一人ひとり異なります。ほかの子には伝わる内容や話し方であっても、まだAくんには難しく感じられるのかもしれません。

ほかにもたくさん！サポート声かけ例

- **おしゃべりはストップ！**
- **いすとお尻がくっ付いているかな？**
- **お口にチャックしよう**
- **今は見る／聞く時間だよ**

CASE 2

すぐ気が散ったり、ボーッとしたりする

毎日の園生活で行う着替えや支度などが、なかなか自分で進められません。ぼんやりしていることが多く、ほかの子に後れを取ってしまう場面がよく見られます。

〈 例えば、こんな状況 〉

外遊びが終わった後、お着替えの時間になりました。Bちゃんは、自分の服が入ったカゴを手に持ったものの、着替え終わって遊んでいる子たちの方を見てボーッと立ち尽くしています。

あなたならどうする？

1
「まずはここに座って、靴下を脱ごう」と声をかける

2
「Bちゃん遅れているよ、早く早く！」と急がせる

解説

おすすめは 1 ！

子どもを焦らせることで、かえって集中力や意欲を削いでしまう可能性もあります。「遅れている」という事実を指摘するよりも、次にやるべきことを具体的に示し、実行を促してあげる方が望ましいでしょう。また、言葉かけに加えて、環境面からのサポートが有効なケースもあります。

考えられる背景

どうやって
着替えるんだっけ、
思い出せないなぁ

大人の目には「ボーッとしている」ように見えても、子どもの頭の中ではさまざまな思考が駆け巡っているかもしれないと考えてみましょう。

こんな声かけ&サポートをしてみよう！

その子が苦手なプロセスを丁寧に支援

身の回りのことは、具体的な手順を何度も繰り返し伝えて、少しずつ覚えてもらいましょう。特にどのプロセスが苦手なのかを把握し、その子に合った支援ができると理想的。望ましい行動を褒めることで、子どもに「できた！」という手ごたえを与えることができます。途中でやり方を変えると覚えにくいため、園内で手順を統一するか、その子ならではの情報を共有しておきましょう。

考えられる背景

あ、おともだちが
ブロックで遊んでる！
私もやりたいなぁ

着替えようという気持ちで動き出したけれど、ほかに気になる刺激が入ってきたことで、そちらに気を取られてしまったのかもしれません。

こんな声かけ&サポートをしてみよう！

刺激を減らし、集中しやすい環境を整える

一般的に、子どもは4歳頃から「選択的注意力」が付いてきて、周囲の動きや声に気を取られず、自分が取り組んでいることに集中できるようになるといわれています。こうした力がまだ十分でない子には、不要な刺激の量を減らすことも一つのアイデア。例えば、ほかの子が遊んでいる様子やおもちゃが目に入りづらい場所で着替えさせるといった、動線の工夫などが考えられます。

ほかにもたくさん！サポート声かけ例

- **初めは○○をして、次は△△だよ**
- **一人でできたね**
- **○○ができたね、次は△△をやってみよう**
- **これでいいよ**

CASE 3

人が嫌がる言葉を使ったり、暴言を吐いたりする

一般的に相手が嫌がる、あるいは気分を害するような言葉を口に出すと、相手を傷つけてしまいます。おともだちとの関係にもマイナスの影響が出るかもしれません。

〈 例えば、こんな状況 〉

クラス担任のあなたが作った、新しい壁飾りを目にしたCくんが、大きな声で笑いながら「ばかじゃん！こんなの気持ち悪い」と発言。乱暴な言葉に、クラスは騒然としてしまいました。

あなたならどうする？

1
「先生、悲しいな。そういうことは言わないで」と伝える

2
子どもの言うことだからと気にせず、スルーする

解説

おすすめは 1 ！

一般的に、人の内心が気になり出すのは4歳頃、分かろうとするのは5～6歳頃だといわれています。子どもが不適切な言葉で相手を傷つけてしまったとき、受け流すばかりでは、その子の成長を適切に支援できないかもしれません。相手が傷つく言葉であることを、しっかりと説明するのが基本だと考えましょう。

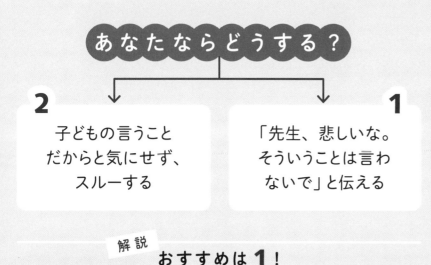

こんな声かけ&サポートをしてみよう!

考えられる背景

どうして、
思ったことを言っちゃ
いけないの?

気持ちを言葉に置き換える習慣が重要

「相手の気持ち」を想像・理解するには、まず「自分の気持ち」を意識するところから始める必要があります。日頃から、その子が感じているであろうことを保育者が「楽しいね」「悲しいね」「嫌だったね」というように声に出し、言語化することをサポートしてみましょう。感情と言葉が適切に結び付くことで、初めて「そんなこと言われたら悲しいな」というメッセージの意味が伝わります。

まだ相手の気持ちを意識していないので、「言ってはいけないこと」が理解できず、感じたことを素直に口に出しすぎているのかもしれません。

こんな声かけ&サポートをしてみよう!

考えられる背景

仲良くなりたいけど、
どうしたらいいか
分からない

「認める言葉」を意識的にかけてあげよう

よくない発言には、その場で「そういうことは言ってはいけないよ」と注意を。ただ、乱暴な言葉を使う子は、周囲から認められる経験が少ないのかもしれません。その場合、「頑張っているね」「すごいね」というように、その子を認める言葉や優しい言葉を日常生活の中でかけることも大切。気持ちいいコミュニケーションの方法が分かり、他者へのプラスの言葉が出てくるかもしれません。

相手に興味があっても、適切な関わり方が分からないため、乱暴な言葉を使うことで感情や反応を引き出そうとしている可能性もあります。

ほかにもたくさん! サポート声かけ例

- **うれしいね**
- **上手だね**
- **嫌だったね**
- **よくできたね**
- **くやしいね**

CASE 4

よく、すぐに分かるような嘘をつく

大人にはすぐばれるような嘘をついて、周囲を困惑させます。他愛のないものから園のルールに反するようなものまで、内容もさまざまです。

〈例えば、こんな状況〉

園庭で、数人のおともだちと砂遊びをしていたDちゃん。「私、明日アメリカにお引越しするの！」と話していますが、もちろんそんな事実はありません。

あなたならどうする？

1
「本当だったら、悲しくなっちゃうな」と伝える

2
「嘘をつくのは泥棒の始まりだよ」と指導する

解説

おすすめは1！

「このまま成長して嘘つきになったら大変！」と思い、激しい口調で叱ってしまうケースがあるかもしれません。しかし、幼い子どもの嘘は、大人のそれとは性質が異なることも少なくないのです。真に受けて厳しく対応したり、真偽を問いただしたりすることよりも、適切な対応がないか考えてみましょう。

考えられる背景

嘘じゃないよ、
私にとっては本当なんだ！

大人にとっては単なる「嘘」にすぎなくても、その子なりの願望や意見を「創造」した結果であり、悪意がないケースが多く見られます。

こんな声かけ＆サポートをしてみよう！

大きな
お山ができたね

深刻に受け止めすぎない姿勢も大切

その子なりの物事の見方ができるようになってきて、大人とは違う意見を自己主張できるくらいに成長してきたからこそ、嘘が言えるようになったという側面もあります。発達過程の視点でいえば、プラスにとらえることも十分に可能だといえるでしょう。嘘をついたことに過剰に反応して厳しく追及するよりも、いい側面に目を向けて、軽く受け流すくらいで十分なことが多いのです。

考えられる背景

もっとみんなにお話を
聞いてもらいたいな

周囲に注目してもらいたい、誰かの期待にこたえたい、叱られたくないといった思いがあって、事実と異なることを話している可能性があります。

こんな声かけ＆サポートをしてみよう！

もしそうなら、
先生悲しいな

「嘘をつかれると悲しい」と伝えてみて

嘘の内容が受け流せない（容認できない）ようなものだったり、周囲が困るようなものだったりする場合もあるでしょう。「嘘はいけないよ」とはっきり伝える方法もありますが、「先生は嘘をつかれると悲しいな」というように、受け止める側の気持ちを伝えることが効果的な場合も。「大好きな先生を悲しませたくない」という思いが、自らの言動を振り返るきっかけになるからです。

ほかにもたくさん！サポート声かけ例

- **そうなんだね**
- **嘘のお話を聞くと涙が出ちゃうな**
- **〇〇ちゃんはそう思ったんだね**
- **本当だったらみんな悲しいよ**

CASE 5

「分からない」が多く、会話が成り立たない

おしゃべりはできるはずなのに、質問したとき「分からない」「知らない」といった反応しかなく、まじめに答えていないように見えます。

〈例えば、こんな状況〉

保育者が「今日は保育園、楽しかった？」と聞いても、口ごもってしまうEちゃん。「知らなーい」とだけ答えて、黙ってしまいました。

あなたならどうする？

1
「あと5秒で答えてね、5、4……」とカウントダウンする

2
「折り紙とパズル、どっちが楽しかった?」と聞いてみる

解説

おすすめは2！

答えが返ってこない理由としては、緊張している、言葉が思い付かない、表現力が未熟など、いくつか考えられます。いずれにしても、急かさずに少し待ってみるのが保育者としての基本的な姿勢。明らかにふざけているような場合はともかく、子どもを焦らせることが改善に結び付く可能性は低いでしょう。

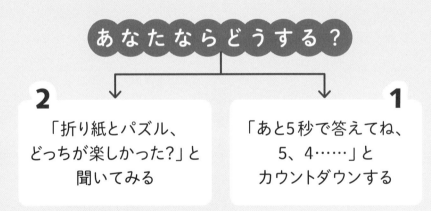

こんな声かけ&サポートをしてみよう！

考えられる背景

先生は、私に何を
聞いているんだろう?

もっと「答えやすい質問」に変えてみよう

より具体的な質問にすることで、答えるハードルを低くしましょう。例えば、「保育園は楽しかった？」よりも「どの遊びが楽しかった？」の方が、さらには「折り紙とパズルのどっちが楽しかった？」と二者択一にした方が、答えやすくなります。それでも難しい場合は、イラストや写真、保育者の手などを用いて、さし示すことで答えられるようにするのも有効です。

少しでも抽象的な質問になると、理解が難しくなる子は多いもの。何を聞かれているか、はっきり分かっていないのかもしれません。

こんな声かけ&サポートをしてみよう！

考えられる背景

お話しするのって難しい、
苦手だなぁ……

その子の好きなテーマで表現力アップ

自分の意見や気持ちを表現する機会を、意識的に増やしましょう。頭の中でイメージしづらいようなら、実物やイラスト、写真などを見せながら、どれが好きか聞いてみるのもおすすめの方法。特に、その子が好きなテーマ（特定のキャラクターや乗り物など）を選んで、保育者が会話のパイプ役を担い複数の子を交えて話をすることで、気持ちの表現が広がりやすくなります。

話すこと自体に、本人が苦手意識を持っている可能性が。口数が少なくなりやすく、ほかの子との会話が成り立たない様子が見られることもあります。

ほかにもたくさん！サポート声かけ例

- **この中で、どれをやってみたい?**
- **楽しい気持ちだね**
- **〇〇と△△、好きなのはどっち?**
- **みんなで話すと楽しいね**

CASE 6

怒るとすぐに手や足が出る

何か嫌なことや気に入らないことがあると、怒りが爆発。反射的に手や足を出して抵抗したり、相手の体にかみ付いたりしてしまいます。

〈例えば、こんな状況〉

別の子が遊んでいるおもちゃを、黙って使ったFくん。「だめ！」と抵抗されると、怒ってその子の腕を強くたたいたので、保育者が慌てて止めました。

あなたならどうする？

1
「なんでたたくの!?」ととがめる

2
「貸して」「いいよ」の練習を促す

解説

おすすめは2！

手や足が出てしまう背景には「怒り」があることが多いもの。危険な行動はその場でストップをかける必要がありますが、状況が落ち着いてから、言葉で伝えられるようアシストしていきたいところです。「なんで〇〇するの！？」という言葉は、叱責の意味合いだけが強くなりがちなので注意しましょう。

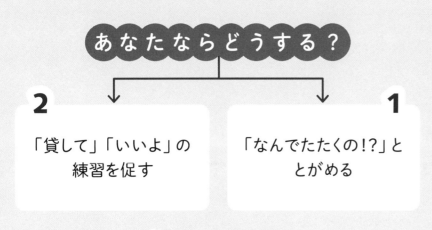

こんな声かけ&サポートをしてみよう！

まずは保育者と「やりとりの言葉」を練習

やりとりに必要な言葉を、まだ獲得できていないと考えられます。まずは「貸して」「いいよ」という言葉を確認し、保育者と一緒に練習を。その後、子ども同士のやりとりを積極的に促し、見守りましょう。「〇回やったら交代しよう」というように、数を入れた約束をするのも効果的です。ものの貸し借りに関するルールを、経験の中で少しずつ覚えていけるはずです。

考えられる背景

だって、
このおもちゃで
遊びたかったんだよ

「これで遊びたい！」という自分の欲求に従って行動してしまい、言葉でのコミュニケーションが未熟なためトラブルになっています。

こんな声かけ&サポートをしてみよう！

適切な行動ができたら、しっかりと褒める

その子がやりたいことにすぐ取り組めずイライラしていたり、好きなおもちゃをほかの人に使われたりしたら、「待っていてね」「順番だよ」といった、自己抑制を促す言葉を積極的にかけていきましょう。できなかったときに叱るというよりも、うまくできた（例：しっかり待てた、相手におもちゃを譲れた）ときに「さすがお兄さんだね！」などと褒めることを意識しましょう。

考えられる背景

嫌な気持ちになると、
カッとなっちゃうんだ

「思い通りにならないこと」への経験がまだ少なく、我慢が利かないため、結果的に手や足が出てしまう状態であるとも考えられます。

ほかにもたくさん！ サポート声かけ例

- 一緒に遊ぼう
- 頑張っているね
- はんぶんこだよ
- すごいよ
- 後でね

CASE 7

ほかの子や保育者をベタベタ触る

好きなおともだちや保育者にべったりくっ付いたり、体を触ったりします。相手が嫌がっていたり、困っていたりしても、気にしていないようです。

〈例えば、こんな状況〉

仲良しのおともだちに、しょっちゅう抱きついているGちゃん。「動けないよ」とやんわり離そうとしても、かまわず体を触ってしまいます。

あなたならどうする？

1 「〇〇ちゃんはいいって言った?」と聞いてみる

2 別室に移動させ、おともだちと物理的に引き離す

解説

おすすめは1！

「人の体に触っていいかどうかを決めるのは相手」ということは、3～4歳頃から分かってくると考えられています。まだ人との適切な関わり方が分かっていない子には、保育者が正しい距離感を教える必要があるでしょう。寂しい気持ちを増幅させてしまいそうなら、物理的に引き離すのは避けた方がいいかもしれません。

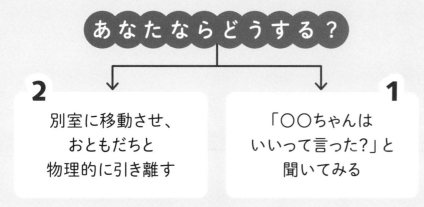

考えられる背景

好きだから触っているのに、
何がだめなの？

自分の思いだけで行動してしまい、「おともだちが嫌がっているかも？」という見方ができていないことがあります。

こんな声かけ&サポートをしてみよう！

「決定権」が相手にあることを意識させて

適切なコミュニケーションが取れないことの背景には、「決定権」の誤解があると考えられます。その人の体に触れていいかを決めるのは自分でなく、相手だということを伝えていく必要があります。勝手にベタベタ触るのではなく「○○していい？」と聞くことを促し、「嫌だ」「今はやめて」と言われたらあきらめることを、保育者が間に入りながらサポートしましょう。

考えられる背景

なんだか不安だよ、
誰かと一緒にいたいなぁ

寂しさや不安といった感情が根底にあり、温もりを求めるような気持ちで、おともだちや先生にくっ付いてしまうのかもしれません。

こんな声かけ&サポートをしてみよう！

じゃれ合いの遊びを保育に取り入れる

人と触れ合い、安心感を得られるような機会が、日常的に不足している可能性もあります。年齢に沿ったふれあいの方法（握手やタッチなど）を保育者が教えるほか、おしくらまんじゅうのように、体を使ってじゃれ合うような遊びを意識的に取り入れるのもいいでしょう。じゃれる経験を通して相手との適切な距離感がつかめるようになり、社会性を獲得できるという側面もあるのです。

ほかにもたくさん！サポート声かけ例

- **○○ちゃんはどう思っているかな？**
- **手をつなぎたいのかな**
- **やめて、と言われたらストップだよ**
- **一緒に握手してみよう**

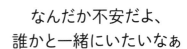

CASE 8

嫌なことがあると気持ちを切り替えられない

ちょっとした出来事ですぐに泣き出したり、パニック状態になったり。その後も気持ちが切り替えられず、いつまでも大騒ぎしてしまいます。

〈例えば、こんな状況〉

積み木でお家を作ろうとしているHちゃん。あと少しで完成……というところで崩れてしまい、ひっくり返って大声で泣き続けています。

あなたならどうする？

1
少し落ち着いたときに
「くやしかったね」と
共感する

2
パニック状態のとき
「静かにしよう」と
抑止する

解説

おすすめは1！

子どもが感情をあらわにしているとき、「早くこの騒ぎを鎮めなくては！」と保育者も焦ってしまいがち。しかし、パニック状態の子どもへ感情的に関わるのは逆効果になることも少なくありません。保育者はできるだけ冷静さを保つことを意識し、タイミングを見計らって関わる方が効果的でしょう。

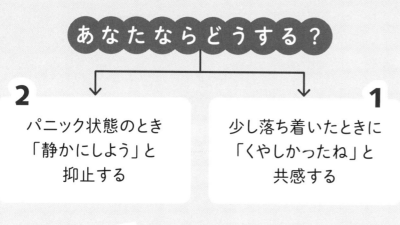

考えられる背景

こんなの嫌だよ、
つらいよ、
悲しいよ！

くやしさや不安、恐怖、驚きといった感情で頭がいっぱいになってしまい、泣くことでしか気持ちを表現できないのかもしれません。

こんな声かけ&サポートをしてみよう！

感情が静まるタイミングを見定めよう

即座に泣き止むことや、理由を話すことを要求するのは難しく、まずは感情の鎮静化をサポートすることが優先です。少し泣き声が小さくなる、体の動きが減るといったタイミングで「そうそう、その調子」などとさりげなく褒めましょう。保育者がそばで構い続けると、逆に気持ちを切り替えにくくなるケースもあるので、少し離れて見守ることも選択肢に入れましょう。

考えられる背景

もう止めたいのに、
涙があふれてきちゃう

感情のコントロールがうまくいかず、もう終わりにしたいと考えていても、気持ちがついていかないという可能性もあります。

こんな声かけ&サポートをしてみよう！

「終わりの言葉」で切り替えをサポート

気持ちを切り替えるために、きっかけが必要なことも。保育者が「泣くのはおしまい」「怒るのは終わり」といった短い一言をかけ、言葉で気持ちに区切りを付けることを教えましょう。一つの感情にも終わりがあり、永遠に続くわけではないことが伝わるはずです。また、ティッシュペーパーをゴミ箱に捨てるなど、簡単な用事をお願いすると気持ちが切り替わることもあります。

ほかにもたくさん！サポート声かけ例

- 上手、上手
- （子どもが落ち着いてから）言葉で教えてね
- プンプンの時間はこれまで！
- ○○をお願いできる？

CASE 9

何でも自分の思い通りにしたがる

思い通りにならないことがあると、怒りが爆発！
周囲にいる人をたたいたり、ものを投げたりと、攻撃的になってしまうこともあります。

〈例えば、こんな状況〉

Iくんは、おともだちと鬼ごっこに夢中。「お昼の時間だからお部屋に戻ろう」と保育者が声をかけると、怒っておもちゃを投げてきました。

あなたならどうする？

1
「じゃあ、もう少しやっていいよ」と特別に許す

2
「これは先生が決めることだよ」とはっきり伝える

解説

おすすめは2！

「一日くらいは少し譲歩してもいいかな？」と迷いが生じるかもしれませんが、「泣いたり怒ったりしたら意見が通った」「大騒ぎしたら思い通りになった」と学習させてしまうのは、本人の成長にとってマイナスになりかねないこと。一度決めたルールや約束事を安易に曲げることは、できるだけ避けるよう心がけましょう。

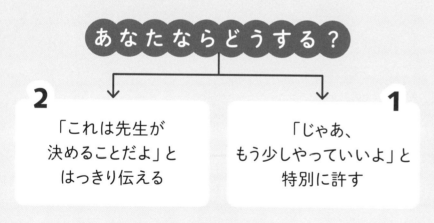

考えられる背景

僕が嫌って言ったら、
絶対に嫌なんだ!

自分がしたいと思ったら何でもその通りにできる——。こうした考えから抜け切れず、他者に決定権があることが分からない段階です。

こんな声かけ&サポートをしてみよう!

「決めるのは先生」だとはっきり伝えて

お昼の時間(遊びの終わり)を決めるのは大人の役割であり、その子ではないことをはっきり意識させる必要があるでしょう。つまり、「決定権が誰にあるか」を教えるということです。もちろん、園生活では子どもが自由に決められることもたくさんあるので、両者を並行して伝えていきます。次第に、自分が決定できることと、そうでないことの区別が付いてくるはずです。

考えられる背景

せっかく楽しかったのに、
やめたくないよ

気持ちよく遊んでいたのに、時間だからと終わらせることに納得がいかず、あきらめ切れない気持ちになっているとも考えられます。

こんな声かけ&サポートをしてみよう!

その子に共感しつつ「仕方ない」を教える

まずは「もっと遊びたかった」という思いそのものに共感してあげるといいでしょう。「保育者に理解してもらえている」という安心感によって落ち着けることもあります。その上で、思い通りにいかないという体験を乗り越えるために、「仕方ないんだ」「残念だね」といった言葉を投げかけてみましょう。上手にあきらめる方法を学び、気持ちを仕切り直すのに有効な一言です。

ほかにもたくさん! サポート声かけ例

- ○○を決めるのは大人だよ
- 楽しかったんだね
- おしまいだね
- 続きはまた明日ね

CASE
10

園での約束事がなかなか守れない

自分でやるべき身の回りのことや、クラスでの係や当番のお仕事など、園で決められた約束事をしっかり守ることができません。

〈 例えば、こんな状況 〉

Jちゃんは今日、お当番さん。ほかの子は食事の後にテーブルを拭いたりしていますが、Jちゃんは終わっていないのに遊びに行ってしまいました。

あなたならどうする？

1
ボードに取り組む
順番を書き、
一緒に確認する

2
「ちゃんとやりなさい」と
目を見て真剣に伝える

解説

おすすめは 1！

「ちゃんと」「しっかり」「きちんと」といった言葉だけで指導しようとしても、目指すべき姿が抽象的すぎて、子どもにはこちらの意図が伝わらない可能性があります。何をどの順番でやるべきなのか、その子にとって分かりやすい表現を用いて説明することが、解決の糸口になりそうです。

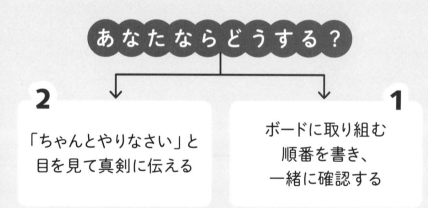

こんな声かけ＆サポートをしてみよう！

視覚情報も生かしながら優先順位を明確に

遊びたい気持ちに共感しつつ、やるべきことの順番を具体的に示しましょう。「1番目、ふきんを持ってくる。2番目、テーブルを拭く。……5番目、遊びに行く」といったイメージです。言葉で伝えるだけでは難しいこともあるので、イラストや写真（場合によっては文字）など視覚情報を活用するのもおすすめ。子どもによって、理解しやすい方法が異なる点を意識しましょう。

考えられる背景

遊びの方が
楽しそうだし、
後でいいかな

多くの子どもにとって、「遊び」の優先度は「身の回りのこと」よりも高いもの。自分がやりたいことを優先しているのかもしれません。

こんな声かけ＆サポートをしてみよう！

自分から「教えて」と聞けるように練習を

分からないことがあるとき一人で抱え込まず、ほかの人に聞くことができる力は、小学校以降でも大切になります。「やり方を教えて」「どうやってやるの」という言葉を一緒に練習し、困ったとき言えるように伝えていきましょう。子どもが分からないことを推測しつつ、即座に答えを教えるのではなく、「何か分からないことはあるかな？」と保育者から質問する姿勢も重要です。

考えられる背景

やり方を
忘れちゃったから、
できないよ

お当番の仕事の手順を忘れてしまったけれど、保育者に聞くことができず迷っている間に、興味がほかに移ってしまった可能性もあります。

ほかにもたくさん！サポート声かけ例

- **1番に○○、2番に△△をするよ**
- **分からないときは「教えて」だよ**
- **○○は△△番目だね**
- **遊びより○○が先だよ**

CASE 11

すぐに「できない」と言ってあきらめる

何事も、やる前からかたくなに拒否しがち。特に、新しいことに誘ったり、何度も声をかけたりすると、どんどん機嫌が悪くなっていきます。

〈例えば、こんな状況〉

お正月遊びで、コマ回しに挑戦しているクラスのみんな。しかし、Kくんだけは「できないから、いい」と言ったきり口を開かず、教室の隅に行ってしまいました。

あなたならどうする？

1 「できそうなこと」を探り、誘ってみる

2 本人にやる気が出ないとだめなので、放っておく

解説

おすすめは1！

本人の様子をそっと見守り、待つ時間が必要なこともありますが、ただ「放っておく」のは望ましくないかもしれません。子どもが失敗にめげず挑戦していくためには、「自己安定感」が必要だとされています。この感覚が乏しく、自信が持てない子に対しては、保育者の適切なアシストが必要だといえるでしょう。

こんな声かけ&サポートをしてみよう！

頑張ればできる、スモールステップの目標を

最終目標を掲げるだけでなく、達成しやすい目標も設定してみましょう。ヒモで回すコマが難しいなら、手で簡単に回せるコマを用意して、まずはそちらを楽しむといったことです。「上手に回せたね」と少し大げさなくらい褒めて、「できた！」と感じてもらいましょう。こうした体験の積み重ねで自信が育まれれば、難易度の高いことに挑戦する意欲もわきやすくなるはずです。

考えられる背景

失敗したらと思うと、
ドキドキしちゃう

初めて取り組むことに「難しそう」「できないかも」といった考えばかり浮かんでしまい、挑戦する気になれないことがあります。

こんな声かけ&サポートをしてみよう！

「認められる経験」を日常的に増やそう

他者から認められたり、褒められたりする経験があってこそ、「自分はできる」という自信が生まれます。子ども自身、自分の「好き」や「得意」に気付いていないこともあるので、保育者が積極的に見つけていきましょう。日常的な遊びや生活の中で、「Kくんはかけっこが速いね」「ブロックがとても高く積めるね」といったように、できることを口に出しながら示していくイメージです。

考えられる背景

僕はどうせ、
何をやっても
だめなんだ

できないことをからかわれる、「だめな子」と言われるなど、以前にマイナスの評価を受けたことが強く心に残っているケースもあります。

ほかにもたくさん！サポート声かけ例

- できたね、すごいよ！
- ○○ができてすごいね！
- きっとできるようになるよ
- うまくいかなくても、大丈夫！

CASE 12

勝負事で負けることが我慢できない

ゲームで遊んでいるとき、自分が負けたり、一番になれなかったりすると大騒ぎ。遊びが中断してしまうことも少なくありません。

〈例えば、こんな状況〉

トランプでババ抜きをしているとき、取れる枚数が少ないとイライラしだすLちゃん。一番になれないと、いつもカードをぐちゃぐちゃにして泣き叫びます。

あなたならどうする？

1 保育者がわざと負けて、毎回勝たせてあげる

2 気を遣いすぎず、「負け」の経験も積んでもらう

解説

おすすめは2！

特に4歳前後からは勝ち負けの意識が強く表れるようになり、勝負事をすると大騒ぎになるケースも少なくありません。しかし、わざと負け続ける、必ず一番を譲るといったように配慮しすぎるのは考えもの。負けても我慢する心が育たず、かえってこうした状況が長引いてしまう可能性も少なくありません。

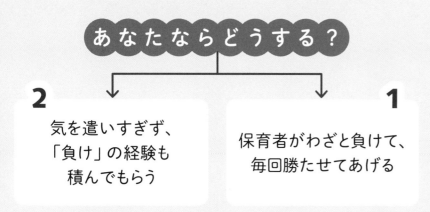

考えられる背景

ゲームをやるなら、
一番になれないと
意味がないよ

勝ちたい気持ちが人一倍強い子もいます。負けたときに、「どうしても勝ちたかったのに！」などと強烈な感情が生じやすいのかもしれません。

こんな声かけ&サポートをしてみよう！

ドキドキして楽しいね

勝ち負け以上の価値基準を教えていこう

勝つことだけがゲームの意義ではなく、勝ち負け以上の（勝ち負けと関係ない）価値基準があることを少しずつでも教えられるといいですね。例えば、ピンチな状態に陥ったとき「ドキドキするね」と声かけしたり、「前よりうまくなったね」とその子の成長を褒めたりしつつ、ルールを守る大切さも同時に教えていきましょう。おともだちを応援する、励ますといった経験も大切です。

考えられる背景

勝てないなんて
信じられない、
くやしいよ！

まだ勝負事の経験が少なく、「勝つこともあれば、負けることもあって当然」という感覚を習得できていない可能性もあります。

こんな声かけ&サポートをしてみよう！

先生の負けだ！
よし、次は頑張るぞ！

保育者が立ち直る姿を積極的に見せて

あらかじめ「一番になるのは一人だから、負けることもあるよ」などと伝えてからゲームを始めてみましょう。また、負けても大丈夫だという気持ちを養うために、保育者が意識的に「立ち直る姿」を見せるのもおすすめ。「負けちゃったよ、くやしい！」とネガティブな気持ちを表現した上で、「次は頑張るぞ！」と切り替える様子を、言葉に出しながら見せるイメージです。

ほかにもたくさん！サポート声かけ例

- **おもしろいゲームだね**
- **さっきより上手だよ**
- **ドキドキして楽しいね**
- **くやしいね、次は頑張ろう**

CASE

13

自分の世界に没頭し、集団行動が苦手

みんなで一緒に行動することが難しく、好きなことに一人で没頭。集団に入ると自分の意見を強く主張することもあり、クラスになじめません。

〈例えば、こんな状況〉

今日はクラスみんなで、クリスマスの飾り付けを楽しむ日。しかし、Mくんだけはツリーの装飾に目もくれず、部屋の隅っこで電車の図鑑を読み続けています。

あなたならどうする？

1
「電車の本はいつでも読めるよ」とやめさせる

2
「先生のお手伝いをしてくれる?」と聞いてみる

解説

おすすめは2！

子どもは3歳頃から「好きな遊び」や「好きなおともだち」ができることが多く、否定されると激怒することも。子どもの興味は多様で、好きなことに集中するのは一つの才能でもあると覚えておきましょう。その子の「好き」を否定するより、集団行動への新しい視点を獲得できるような働きかけが理想的です。

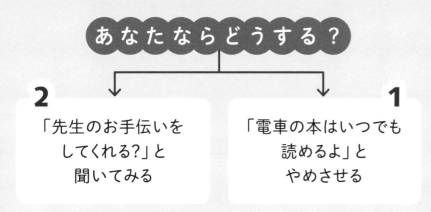

こんな声かけ&サポートをしてみよう！

みんなで飾ったから
こんなに
素敵になったよ

考えられる背景

僕が好きなことだけ
できれば、
それでいいよ

一緒にやることの楽しさを知ってもらう

周囲に同調することが必ずしも正しいとは限りませんが、ある程度は協調できる社会性を育てたいもの。一人遊びの時間も確保した上で、おともだちと楽しく過ごせるような遊び・活動を意識的に設定しましょう。子どもが同調できない理由（説明が分からない、恥ずかしいなど）が分かる場合は、それを踏まえた対応を。「一緒だと楽しい！」と実感できる機会を増やすことがポイントです。

誰かと一緒に行動すること自体に、意識が向いていないのかもしれません。自分の興味だけに基づいて行動するので、クラスの動きとずれてしまいます。

こんな声かけ&サポートをしてみよう！

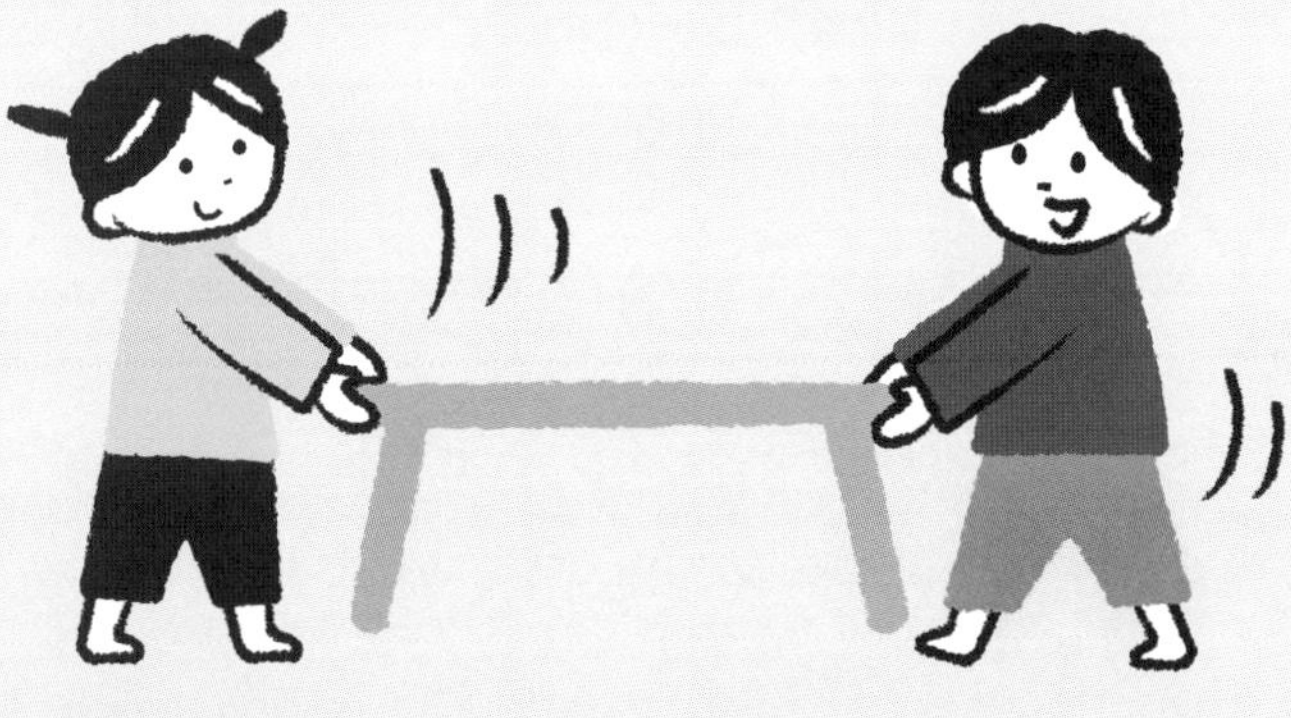

考えられる背景

どうせ、
僕の言うことを
聞いてくれないもん

活動の際は、その子に「役割」を持たせて

集団に所属しているという感覚がないと、「みんなに守られている」という仲間意識が希薄になり、ほかの子たちを否定的に見てしまうことがあります。クラスの一員であることを認識してもらうために、活動の際は「役割」を与えるのがおすすめ。例えば、ゲームの進行の手伝い、遊び用具の準備（おともだちと一緒にものを運ぶなど）といったことが、集団意識の形成につながります。

複数の子と一緒に活動するとき、自分の話をなかなか聞いてもらえないのが嫌で、一人で行動することを選んでいる可能性もあります。

ほかにもたくさん！サポート声かけ例

- みんなでやってみよう
- ○○の係をやってみる？
- 一緒だから楽しくできたね
- ○○くんと△△をしてくれるかな？

CASE 14

突然クラスや列から離れる

活動中にクラスの部屋からふらふらと出ていってしまったり、みんなで列になって移動しているとき、勝手に離れて行動してしまったりします。

〈 例えば、こんな状況 〉

絵本の読み聞かせの時間、立ち上がったNちゃん。一人でふらふら廊下に出ていき、別の活動をしている隣のクラスに入ってしまいました。

あなたならどうする？

1
本人の気持ちが
大切なので、
個別に見守る

2
「クラスの○○ちゃんは
どこ?」と尋ねる

解説

おすすめは2！

集団への帰属意識が低いことが原因になっているケースが少なくありません。しっかりと集団形成されているクラスにいると落ち着いてくることも多いため、個別対応が過剰になりすぎて、集団での生活を経験できないのは考えもの。見守るだけでなく、「私の居場所」を意識させるための声かけに挑戦してみましょう。

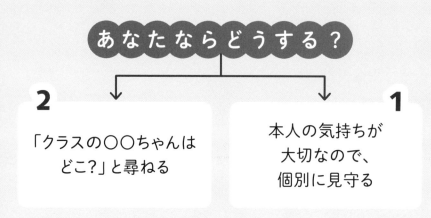

こんな声かけ&サポートをしてみよう！

考えられる背景

どうして私が、
ここにいないと
いけないの？

帰属意識を高められるような働きかけを

「Nちゃんは○○組」ということを強調し、繰り返し伝えていくことが大切です。クラスごとのテーマカラーやキャラクターなどを活用してもいいでしょう。部屋の入り口付近にカラーテープを張り、「境界線」を見える化するのもおすすめ。さらに、帰属意識が低いタイプはほかの子の名前を知らないことも多いため、名前当てゲームのように楽しみながら覚えさせるのも有効な方法です。

自分の所属する集団について意識が薄かったり、居場所が分かっていなかったりして、「ここにいよう」という気持ちが生じていないかもしれません。

こんな声かけ&サポートをしてみよう！

考えられる背景

「みんな」って、
誰のこと
なんだろう？

まずは「特定の子」に目を向けてもらおう

大きな集団を意識できないのなら、まずは少人数から始めましょう。最初は「自分以外」に注目してもらうことを目的に、仲がよさそうな／相性がよさそうな特定の子※を意識できるよう声かけしたり、散歩の際に手をつなぐよう働きかけたりします。クラスに帰ってきてもらいたいときも、「みんなのところに戻って」より「○○ちゃんの隣に行って」の方が伝わりやすいはずです。

※協力してもらう子が負担を感じていないか注意しましょう。

「みんなが……」と話しかけてもピンとこず、クラスという比較的大きな集団に対して、意識を向けるのが難しい段階かもしれません。

ほかにもたくさん！
サポート声かけ例

- **○○組のマークはどこかな？**
- **○○ちゃんがどこにいるか探してみよう**
- **ここは○○組のお部屋だね**
- **○○くんと一緒だよ**

CASE 15

何度注意されても同じことをする

やってはいけないことをしたとき、「今は騒いだらだめ」「そこで走らないで！」などと繰り返し注意しても、なかなかやめてくれません。

〈 例えば、こんな状況 〉

まだお昼寝している子がいる時間に、大声で話し始めたOくん。「大声でおしゃべりしないで！」と何度指摘しても、一向に静かにする気配がありません。

あなたならどうする？

1
「ネズミさんの声でお話しして」と言い直す

2
大声がだめな理由をじっくり説明する

解説

おすすめは1！

時には理由を伝えることも大切ですが、大人を説得するかのように長々と話すのは得策でないかもしれません。特に、まだ言葉の力が育っていない子では理解が難しく、行動変容になかなかつながらないでしょう。どう行動すべきかを端的に、視覚情報や数字の力なども活用しながら説明することがポイントです。

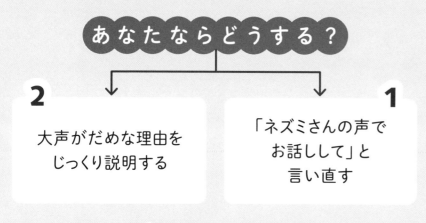

こんな声かけ&サポートをしてみよう！

小さな声でお話ししよう
このくらい
ひそ
ひそ

考えられる背景

「おしゃべりしないで」って
どういうこと?

「反対類推力」をサポートする言い回しに

「大声でおしゃべりしないで」と言われたとき「つまり、静かにすれば／小さな声に調整すればいいんだな」と考えられる力を「反対類推力」といいます。一般的には2歳以降に身に付いていきますが、まだこの力が育っていない子には配慮が必要。望ましい行動を明確に伝えることが、具体的な改善につながります。その動作をやって見せるなど、視覚的な情報も加えるとなおいいでしょう。

やってはいけない行動を伝えても、「だめなことの反対」をイメージする力が不足しているため、適切な行動が理解できないのかもしれません。

こんな声かけ&サポートをしてみよう！

6まで来たら、大きな声で話せるよ
長い針が

考えられる背景

先生の言いなりに
なんてならないもん！

回数や時間など、数字を持ち出して約束を

ちょうど約束事ができるようになってきた頃（おおむね4～5歳以降）、一方的な指示や命令に耳を貸さなくなる子が出てきます。そうした場合は、「○分になったら△△していいよ」「○○の後に△△するよ」「○回やったらおしまい」といったようにルールを定めて、それに従うよう伝えるとスムーズになることがあります。回数や時間など、数を用いて約束することが特に有効です。

自分の思い通りにしたいという気持ちが強く、理由を説明されても納得できないため、同じ行動を繰り返している可能性もあります。

ほかにもたくさん！サポート声かけ例

- 走らないで、歩くよ
- あと少しで終わりだよ
- 長い針が○にきたらお片付けしよう
- 後でできるように先生が取っておくね

CASE 16

すぐおともだちとケンカになる

楽しく遊びたくておともだちと関わろうとするものの、ちょっとしたことでトラブルになり、毎回のようにケンカが始まってしまいます。

〈例えば、こんな状況〉

仲良く変身ごっこで遊んでいたとき、おともだちの手が顔にぶつかってしまったPちゃん。「たたいた！」と怒り出し、相手を突き飛ばそうとしました。

あなたならどうする？

1
「仲良く遊びなさい！」と言って場を収める

2
「これは、わざとかな?」と考えさせる

解説

おすすめは2！

遊びたい盛りの子どもたちですが、相手との適切な関わり方がまだまだ分かっていないことが多く、ケンカになることも日常茶飯事でしょう。「仲良く」と抽象的な言葉をかけるよりも、よりよいコミュニケーションや相手の気持ちを学ぶいい機会ととらえ、アシストするような働きかけを目指しましょう。

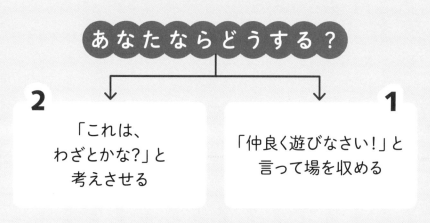

考えられる背景

あの子が
私をぶったんだよ、
ひどいでしょ

相手の行動がすべて故意に行われたものだと思ってしまい、不注意で起こったアクシデントに過剰に腹を立てている可能性もあります。

こんな声かけ&サポートをしてみよう！

「柔らかい見方」を伝えるきっかけに

子どもの気持ちが落ち着いてきたところで、一緒に振り返る時間を取るといいでしょう。自分や相手の行動について「わざと」か「わざとじゃない」かを尋ね、本人に考えさせる中で、故意ではないケースも多いと気付いてもらうのです。自分の考えに固執しがちな子には、「〇〇ではなく、△△かもしれない」という表現を使って、物事の柔らかい見方を伝えることも大切です。

考えられる背景

仲良く
遊びたいけど、
どうすればいいの？

おともだちと遊びたい気持ちが高まっているのに、理解力や思いを言葉にする力が足りず、トラブルになりやすい状態かもしれません。

こんな声かけ&サポートをしてみよう！

保育者が「通訳」となってやりとりを支援

仲良く遊ぶとはどういうことなのか、自分の気持ちをどんなふうに話せばいいかを、具体的に教える必要があるでしょう。保育者が手本を示したり、「たたかないでお口で話すよ」など、望ましい行動をシンプルに伝えたりします。やりとりがうまくいかないときは、「そんなふうに言ったら悲しいよ」「〇〇ちゃんはこう言いたいんだね」といったように、保育者が通訳の役割を担ってみましょう。

ほかにもたくさん！サポート声かけ例

- **わざとやったんじゃないよね**
- **〇〇って聞いてごらん**
- **わざとじゃないかもしれないよ**
- **〇〇ちゃんの気持ちを教えて**

CASE 17

遊びの中で必要なルールを守れない

遊具の順番待ちができないなど、自分勝手な行動を取ることで、遊びが止まったり成立しなくなったりしてしまいます。

〈例えば、こんな状況〉

園庭のすべり台に、数人の子が並んでいます。ところがQくんは、その子たちを押しのけて割り込み、一番にすべり台を使ってしまいました。

あなたならどうする？

1
一緒に列を見て「あと○人だよ」と教える

2
「割り込む子は遊べません」と使用を禁止する

解説

おすすめは1！

「順番を守る」「協力し合う」といった約束事、つまり目に見えない「ルール」という概念を理解するのは、子どもにとって簡単なことではありません。守れない子を罰するよりも、自分だけの世界にある「myルール」から抜け出し、みんなで協同するための「ourルール」を習得できるようアシストしてあげたいですね。

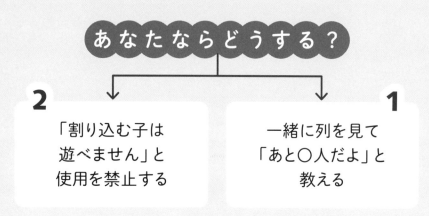

こんな声かけ&サポートをしてみよう！

考えられる背景

絶対に絶対に、
あのすべり台で
遊びたいんだ！

「すべり台で遊ぶ」という目的にしか目が向いていないため、待っているほかの子に意識が向かず、割り込んでしまった可能性があります。

「順番」を理解することから始めよう

子どもが覚えるべきルールの中でも、目で確認しやすい「順番」は比較的分かりやすいと考えられます。待っている人に注目させた上で、「あと〇人だよ」「Qくんは〇番目だね」といったように、見通しを言葉にしましょう。順番という考え方が分かれば、「貸し借り」や「かわりばんこ」などについても理解が進み、ほかの子との協同遊びもスムーズになっていくはずです。

こんな声かけ&サポートをしてみよう！

考えられる背景

どうして、
待っていないと
いけないの？

まだ「ルール」という概念がよく分かっていないため、我慢しなければならない場面があっても、自制が難しい状態かもしれません。

日常生活の中でもルールの習得を意識

遊びやゲームの場だけでなく、日頃からルールを意識できるような働きかけをしましょう。例えば、「〇時になったら片付けをしよう」など、その子にとって分かりやすい約束事をするといったことです。同じものを並べたり分類して箱に入れたりする「異同弁別」を取り入れた遊びをしたり、保育者と順番の要素があるゲームをしたりすることも、ルールへの意識を高めます。

ほかにもたくさん！サポート声かけ例

- かわりばんこだよ
- 交代で遊んでみよう
- 一人ずつ使おうね
- 〇〇ちゃんの後ろだよ

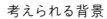

CASE 18

手先が不器用で、何事にも時間がかかる

工作に取り組んだり、食事をしたりするとき手先を思うように動かせず、うまくできないことや、ほかの子より時間がかかることがよくあります。

〈 例えば、こんな状況 〉

画用紙に自分の顔を描くとき、クラスのみんなは終わっても、Rちゃんはまだ。最初にマルを描いた時点で、ペンを持ったまま止まっています。

あなたならどうする？

1
「早くしないと終わらないよ」と発破をかける

2
より取り組みやすいよう、環境を整える

解説

おすすめは2！

指先は脳の発達や活性化に関連しているとされ、手先を使う活動は園でも積極的に取り入れたいところですが、急かすような声かけで楽しいはずの活動が苦痛になってしまわないよう注意。苦手意識を持つ子どもが「できないから嫌い」という気持ちにならないよう、前向きな言葉をかけながらサポートしていきましょう。

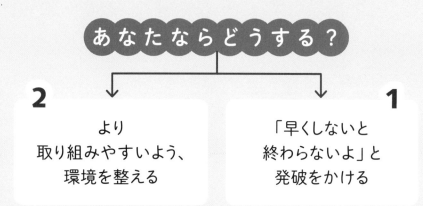

こんな声かけ&サポートをしてみよう！

姿勢を整えることで全身を安定させよう

不器用さを根本的に克服することは、容易なことではありません。そこで意識したいのが、環境を整えることによるサポート。「姿勢を整えること」もその一つ。体の土台を安定させることで、手先を動かしやすくなったり集中しやすくなったりすることもあるためです。テーブルと体の距離が適切になるよう調整し、足がブラブラする場合は、適度な高さの足置きなどを活用してみましょう。

考えられる背景

思ったように
手や指を
動かせないよ

手先が不器用なことでペンを思うように動かせず、納得いくような絵が描けないために動きが止まってしまうのかもしれません。

こんな声かけ&サポートをしてみよう！

「失敗してもいい」状態をつくり安心感を

不器用な子は工作などに苦手意識を抱いていることも多いため、失敗を恐れず取り組めるようなフォローも大切です。例えば、1枚しか紙を渡さずマジックで名前を書かせるのではなく、何枚か用意してやり直せることを示したり、下書きを手伝ったりすることが考えられます。声かけについても、間違いを指摘するような内容より、できたことを認める言葉が多くなるよう意識してみましょう。

考えられる背景

もし間違えちゃったら
どうしよう、
不安だな

「失敗したくない」「取り返しがつかないことになるかも」といった不安が大きく、動き出すことをためらっている可能性もあります。

ほかにもたくさん！サポート声かけ例

- **間違えても大丈夫だよ**
- **これでいいんだよ**
- **楽しくできたね**
- **素敵だね**

CASE 19

ダンスや体操などの全身運動が苦手

体がうまく動かせない、振り付けや動きが覚えられないといった様子が見られ、ダンスなどの活動に参加したがらない子もいます。

〈 例えば、こんな状況 〉

お遊戯会に向けてダンスの練習をしていたのに、泣き出してしまったSくん。「ダンスしない、やりたくない」と言って、教室の隅っこに行ってしまいました。

あなたならどうする？

1
子どもと同じ向きで動きを見せてあげる

2
「みんなできているし、簡単だよ」と説得する

解説

おすすめは 1！

「簡単だから大丈夫」と励ましたつもりでも、その動きすら難しい子にとっては、追い詰めるような言葉に聞こえるかもしれません。幼児期に大切なのは、その子が自分に合ったレベルで運動を楽しむこと。「みんなと同じようにできない」という印象が強くなり、体を動かすこと自体が嫌いにならないよう注意が必要です。

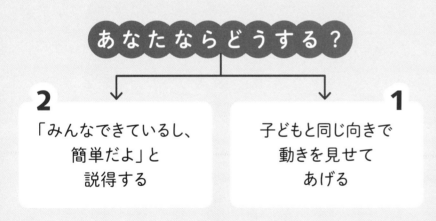

こんな声かけ&サポートをしてみよう！

より理解しやすい「見せ方」に一工夫を

対面でお手本を見せるのではなく、子どもと同じ向きになって踊るなどして、体の動きをはっきりと見せましょう。動きを少しずつ区切る、実際に手足を取りながら（優しく体に触れて）教える、「ピン」「パッ」など動きに合ったかけ声をセットにする、なども効果的です。その場でお手本を示すより、撮影した動画を繰り返し見る方が覚えやすい子もいるため、選択肢に入れておきましょう。

考えられる背景

あれれ、
先生は
どう動いているのかな？

どのように手足を動かすのか、お手本の動きがうまく把握できないために、振り付けなどの動作を把握できないのかもしれません。

こんな声かけ&サポートをしてみよう！

一緒にやってみよう
このフリフリのところ
フリ
フリ
フリ

その子に合ったゴールや役割を設定しよう

運動の得手不得手には個人差があり、子どもではなおさらです。全員が同じレベルに到達するのは難しいケースもあるでしょう。もちろん、高い目標に挑戦させることにも意義はありますが、子どもの様子によっては、振り付けや動きを少し簡単にするなどして「ゴールの位置」を調整することも重要です。また、保育者のお手伝いや応援など、違った角度から役割を持たせることも一案です。

考えられる背景

みんなと
同じようにやるの、
難しいなぁ

そもそも、その場で求められていることの難易度が、現段階ではその子にとって高すぎるという可能性も捨て切れません。

ほかにもたくさん！
サポート声かけ例

- 頑張っているね
- やったね
- それでいいよ
- お兄さん／お姉さんだね

CASE 20

苦手なものや場所があり、強く拒否する

光や音、におい、味覚などが原因となり、特定のものや場所に強い苦手意識があり、近づけようとすると非常に嫌がります。

〈例えば、こんな状況〉

Tちゃんは大きな音が大の苦手。ある日、歌の時間に保育者がピアノを弾き始めると、パニックになって泣き叫び、教室を飛び出していってしまいました。

あなたならどうする？

1
すぐに連れ戻して、ピアノの音に慣れさせる

2
適度に刺激を減らす方法を考える

解説

おすすめは2！

感覚機能に偏りがあり、特定の刺激に過敏に反応する子がいます。「一定以上の大きな音が苦手」「音が反響する場所がつらい」など、その子なりの嫌な感覚をつかみましょう。子どもが感じている恐怖や不快感を無視し、無理やりに慣れさせせようとするような行為は、さらなる苦手意識を招きかねないため避けてください。

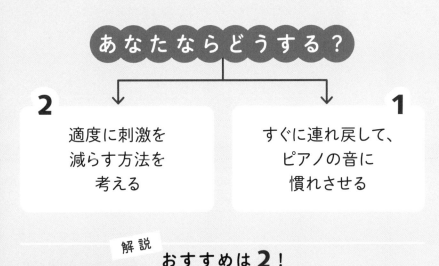

こんな声かけ&サポートをしてみよう！

考えられる背景

その音、
すごく大きく
耳に響くよ！助けて！

刺激を減らせる方法やアイテムを模索して

感覚過敏の場合、その子の苦手な刺激を避ける（軽減する）のが基本的なサポートの方法です。聴覚であれば、音が小さく聞こえるよう少し離れた場所から活動に参加する、一時的に静かな部屋で過ごす、耳栓やヘッドフォン、イヤーマフなどの道具を活用する、など。視覚であれば、部屋の棚や掲示物を必要に応じて布で隠したり、壁に向かって座ったりすることなどが考えられます。

聴覚がとても敏感で、通常では問題にならないような大きさの音でも、非常に強い刺激としてその子の耳に届いているのかもしれません。

こんな声かけ&サポートをしてみよう！

考えられる背景

本当は、
みんなと一緒に
歌いたいなぁ……

苦手を乗り越える方向性でも検討を

感覚過敏の子でも、少しずつ苦手を克服していくことは珍しくありません。「Tちゃんに大きな音は絶対だめ！」と強調することで、かえって本人の苦手意識を強めないよう注意したいところ。乗り越える方向性で支援するときは、「一気に」でなく「少しずつ」を意識しましょう。その子の好きなものを取り入れ、苦手な刺激よりそちらに集中していた……といった状況をつくれると理想的です。

大きな音に苦手意識はあるものの、以前よりは刺激に慣れてきていて、参加したいという思いが生まれている可能性もあります。

ほかにもたくさん！サポート声かけ例

- **○○が嫌だったんだね**
- **このくらいの○○（例：大きさ）ならどうかな？**
- **もう大丈夫だよ**
- **この場所なら、大丈夫？**

Column 1

「ボーッとする時間」も子どもにとっては大切

何もせずぼんやりしているのは無駄な時間――。そうしたイメージは、すでに過去のものといえるかもしれません。実は、脳には「ぼんやりしているときにこそ活性化する回路」があるのです。その名も、デフォルトモード・ネットワーク。入手した情報を整理・分析したり、再構成したりする重要な役割を担っていると考えられています。

ある４歳の子のお母さんは、「うちの子はソファに座ってボーッとしている時間が長い」と心配していました。大人は子どもに「充実した時間を過ごしてもらいたい」と考えがちで、意識的に行動したり、何かに集中して取り組んだりするよう促したくなるもの。しかし、デフォルトモード・ネットワークの観点で見れば、ぼんやりする余裕を持つことは子どもにとって大切であり、むしろ充実した時間とさえいえます。園生活においても、活動を詰め込みすぎることなく、自由にのんびりと過ごせる余裕を持つことが求められるのかもしれません。

第2章

気になる子の保護者へのサポート

気になる子を支援するためには、保護者との的確な連携が必要不可欠です。しかし、保護者が抱える思いや事情はさまざまであり、コミュニケーションを図る際には配慮が必要となります。保護者と信頼関係を築くために知っておきたいポイントや、具体的な関わり方について学んでいきましょう。

保護者対応の基本と保育者の役割

うちの子だけがおかしいの？
こんなとき、誰に頼ればいいの？

孤独になりやすい現代の保護者をサポート

現代の日本では、保護者が子育ての悩みを抱え込みやすい傾向にあるといえます。一人っ子の増加や核家族化、ご近所付き合いの希薄化などの影響で、孤独な環境での育児に奮闘している人は少なくありません。自分の子とほかの子を比べられるような機会も減り、インターネットの情報に振り回されるなどして、何が「普通」か分からなくなって不安やストレスを抱えている保護者もいます。協力者が少ない状態で多忙な毎日を送っていると、精神的に追い詰められてしまうこともあるかもしれません。

だからこそ重要なのが、保育者の存在です。保育者は、育児で困ったこと、迷ったことがあったとき気軽に相談できる窓口の役割を担います。そして、対話を通して共に解決法を探る、子育てのサポーターでもあります。保護者が「自分は一人じゃない」と安心できるためのキーパーソンとして、保育者への期待は大きいのです。

保護者と関わるときに要注意！ 4つのNG行為

気になる子の保護者とは、送り迎えの際に園での様子を伝えたり、積極的に相談を受けたりと、特にコミュニケーションの機会を増やしたいもの。ただし、以下のようなNG行為には注意しましょう。

NG 1

いきなり受診を推奨する

園で気になる言動があるからといって、「発達障害ではないか」などと安易に疾患・障害名を持ち出したり、専門機関への受診を勧めたりするのは禁物です。信頼関係を築けていない段階では、保育者への不信感が高まったり、子育てに悩む保護者を余計に追い詰めてしまったりする結果になりかねません。

NG 2

問題点ばかりを挙げる

わが子のマイナス面ばかりを一方的に伝えてくる保育者が、保護者の信頼を得られるでしょうか。気になる点だけを強調して話したり、家での様子を根掘り葉掘り聞いたりするような態度は避けたいもの。まずは「楽しそうにしていた場面」「微笑ましかった瞬間」などを共有し、ニーズを引き出す方が優先です。

NG 3

安易に「大丈夫」を繰り返す

保護者を安心させるような声かけは重要ですが、相手の話に耳を傾けず、安易に「大丈夫」と返しているなら問題です。気になる子の保護者は、わが子の課題を他者から指摘され、苦しんでいることもあります。「大丈夫」でないから保育者のアドバイスを必要としている、という側面も忘れないでください。

NG 4

相性が悪いと思いながら接する

保育者も人間ですから、どの保護者とも相性抜群とはいかないのが現実でしょう。しかし、「この人とは合わない」と考えながら接していると、そうした気持ちがふとした瞬間に伝わってしまうもの。相性の良し悪しを気にするより、プロとして冷静に、必要なコミュニケーションを取るという意識を持ちましょう。

課題を解決するには保護者の協力が不可欠

保護者の協力を得ることが解決の近道

そもそも、気になる子の課題について考えるとき、保護者と協働する必要があるのはなぜなのでしょうか。それは、家庭での養育環境が子どもの心身に影響を与え、ひいては気になる言動にも大きく関わってくるからです。

特に、子どもは生理的な状態によって言動を左右されやすいもの。例えば、睡眠や食事といった基本的な欲求が満たされない子どもは、園でもぐずったり不機嫌になったりしやすい傾向があります。こうした生活リズムの安定について解決を図るには、保護者の協力が必要不可欠といえるでしょう。

また、保護者自身が子どもとうまく関われておらず、愛着関係が適切に形成できていないといったケースも考えられます。こうした場合も、園で子どもによりよい関わりを提供するだけでなく、保護者に子育てのヒントを伝えるような働きかけをすることが、課題解決への近道になります。

養育環境に関するアドバイスの注意点

保護者に協力を求める際は、問題点の分析・解決ばかりを急ぎすぎないよう注意が必要です。うまくいかない現実に直面している保護者にいきなり正論をぶつけても、改善は見込めないかもしれません。

「忙しくて子どもに関わる時間が減ってしまった」「仕事の都合で夜が遅くなりやすい」など、まずは相手の状況をあるがままに受け止めることを意識しましょう。「大変だったのですね」「お母さん、頑張っていますね」といったいたわりの言葉をかけることで、生活改善などについての話し合いもスムーズに進みやすくなります。

また、こうした保育者の姿勢が、保護者から次の言葉を引き出すことにつながり、より詳しい情報を基にした適切なアドバイスがしやすくなるという側面もあるでしょう。まずは相手の状況に共感する姿勢を示し、それから問題点の分析やアドバイスに入るという手順を忘れないようにしましょう。

まずは相手の状況に「共感」

↓

その後に問題点の分析・アドバイス

（一例）

生活リズムが乱れている場合

⇒睡眠の重要性や理想的な就寝時刻、しっかりと眠るための環境づくり（例：就寝前にテレビなどの画面を見せない、眠る前のルーティンを決める）について伝える

子どもに関われる時間が短い場合

⇒今まさに園で子どもが楽しんでいることを伝えて、家でよりよいコミュニケーションが取れるようなヒントを提示する

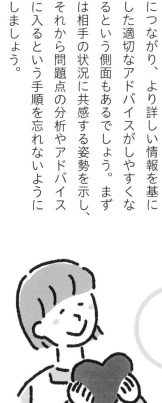

家庭環境を把握し、適切な関わり方を探る

家庭の「今」を理解することが対応のヒントに

気になる子の現状や課題を把握しようとするとき、その子だけを見るのでは不十分なことも少なくありません。その子が置かれた家庭の状況を知ることが、より適切な対応につながります。保護者との雑談や連絡帳の記載、家庭調査票などの情報源を基に、その子の生活をより広い視野で見ることを意識してみましょう。

特に、子どもの様子が急に変わったような場合は、家庭環境に何かしらの変化があることも少なくありません。保護者の転職や離婚、体調不良や入院、下の子の妊娠・出産などが背景にあるケースもあり、ぜひアンテナを張っておきたいところです。

また、注意したいのが貧困の問題です。近年では安価な衣類が出回っていることもあり、経済状況が外見には反映されづらくなっています。一見、そうは見えなくても、経済的な困難に直面している家庭が少なからず存在することを知っておきましょう。

保護者のタイプ別 コミュニケーションの原則

一口に「気になる子の保護者」といっても、抱えている思いはさまざまです。
日頃の接し方のポイントについて、保護者のタイプ別に把握しておきましょう。

子どもの言動を**気にしすぎている**タイプ

〈特徴〉

- 子どもの気になる言動を強く意識し、早く改善したいと思っている
- 育児に関する不安感が強く、何かと保育者に確認や相談をしてくる

〈対応のヒント〉

まずは保護者の話をしっかりと聞き、その頑張りを認めるような声かけを。「最近はいかがですか？」などと保育者からも積極的に働きかけ、園での様子などを共有していくといいでしょう。

子どもの気になる行動に**気付いていない**タイプ

〈特徴〉

- 自分の子が周囲と違う様子でも、あまり気にしていない
- 保護者自身が、発達やコミュニケーションに課題を抱えていることも

〈対応のヒント〉

情報共有の際、一定の配慮が求められます。理解力に弱さを抱えている保護者の場合、抽象的な言葉や長文を避ける、口頭と文面での連絡をうまく使い分けるといった工夫が必要かもしれません。

子どもの現状を**受け入れられない**タイプ

〈特徴〉

- 子どもの様子に違和感を覚えつつも、周囲の声に耳を傾けない
- 家族などから、自身の子育てについて責められた経験がある人も

〈対応のヒント〉

事態を改善しようと焦るよりも、まずはコミュニケーションを図り話しやすい存在になることを優先。じっくりと信頼関係を築き、保護者から話が出たタイミングで解決法を探れると理想的です。

子どもとの愛着関係を築きにくい保護者

保護者に子どもへの接し方のコツを伝える

子どもが気になる行動をする背景には、本人の特性や環境面だけでなく、保護者との関わりについての問題が隠れていることもあります。日常生活で育児を楽しめない瞬間は誰にでもあるものですが、それが行きすぎると、親子が適切な愛着関係を築くことが難しくなってしまう可能性もあります。

- 物事に対して極端に消極的
- 感情や感動が薄い
- やり切る気持ちが弱い
- 「大きくなったら〇〇したい」といった前向きな言葉が出ない
- 「見て見て！」など、大人からの評価を求めようとしない
- 過度な甘えや接触
- 暴言、暴力

こうした様子が子どもに見られる場合、保護者支援についてもより積極的に検討してみましょう。保護者に子どもへのよりよい接し方などを具体的に伝えることで、子どもとの関わり方を振り返ってもらえるといいですね。

愛着関係を築きにくくなってしまう背景

それでは、親子が愛着関係を築きにくくなってしまう背景には、
どんなことが考えられるのか見ていきましょう。

育児に関する知識や経験が不足している

イヤイヤ期の子どもの言動を「私のことが嫌いだからわざとやっている」ととらえるなど、子どもの発達に関して誤解が生じています。大人と子どもは違うことを根気よく説明し、認識を変えてもらう必要があるでしょう。

さまざまな要因が重なり、心の余裕が持てない

保護者が孤独な状況に置かれていたり、人間関係や経済的な問題、健康上の問題などで深刻な悩みを抱えていたりすると、子どもをかわいがったり、子育てを楽しんだりする余裕をどうしても持ちにくくなります。

保護者自身、親と愛着関係をうまく築けなかった

「愛着」は乳児期の母親との関係からスタートし、成長と共に対象が変化していくもの。自分が子ども時代に親との愛着関係を築けていなければ、わが子との愛着形成も未熟なものになりやすくなります。

子どもへの思いが安定せず、極端に揺れ動く

親であっても、子どもへの思いが変化するのは当然のことです。しかし、その程度があまりに極端である場合、愛着関係の形成に影響しかねません。子どもへの見方がマイナスに傾かないよう、サポートが求められます。

子どもとの関わりに課題がある場合の支援

子育てに欠かせない「応答的環境」の重要性

子どもとの関わりをよりよいものにしていくため、保護者へどのように働きかけるべきでしょうか。重要な視点の一つが、応答的な関わり（子どもの思いを受け止めて共感的に対応し、相互作用を生み出すこと）です。

子育てにおいては応答的環境が欠かせず、社会性や情動、言葉の発達などに影響すると考えられています。子どもは一人で孤独に育つのではなく、保護者を含めた周囲との関わりの中で成長することを、あらためて認識してもらいましょう。

子どもへ共感的に語りかけることが苦手そうな保護者であれば、何らかのツールを活用することも一案です。例えば、絵本を読み聞かせることで登場人物の気持ちを一緒に考えたり、子どもの疑問に答えたりするきっかけが生まれます。子ども向けのテレビ番組や映画などでも同じような効果が見込めるので、そうした方法を提案してみるのもいいでしょう。

保護者支援で意識したい3つのキーワード

保護者支援で意識したい点は、ほかにもたくさん！
ここでは3つのキーワードを挙げるので、ぜひ参考にしてみてください。

キーワード①

三項関係

子どもと大人が共通の対象に注目することで、三項関係（自己と他者、ものの三者間の関係）を成立させることが重要です。自然な親子の関わりの中で生まれるものですが、それが難しい保護者も。1つのおもちゃで遊んだり、散歩に行って同じものを見たりして、子どもの興味や要求へ意識的になることの重要性を伝えましょう。

キーワード②

スキンシップ

子どもをかわいいと感じる気持ちには、オキシトシンというホルモンが関係しているといわれています。分娩や授乳によって分泌されるほか、育児による刺激も大いに影響することが考えられるため、子どもを抱き締める、手をつなぐといった日常的なスキンシップが、良好な親子関係を形成する一助になるかもしれません。

キーワード③

「かわいい」の力

特に、自分の子育てや子どもの成長に不安を抱える保護者に対しては、保育者が子どものかわいさを伝えることに大きな意義があります。「わが子が社会的に認められた」と感じられ、養育の意欲を高める原動力にもなり得るので、ぜひ積極的に「今日はこんなことをしていてかわいかったです」といった声かけをしていきましょう。

保護者と信頼関係を築くためのコミュニケーションのコツ

今日は○○ちゃん、
泣いているおともだちを
よしよししてあげて、
とっても優しかったんです

誠実さを大原則に、プラスの面を積極的に伝えて

保護者との関係づくりにおいて、日常的なコミュニケーションは極めて重要です。良好な間柄が築けているからこそ、ここぞというときにデリケートな話題にも踏み込めるもの。日頃から、子どもの素敵なところ、かわいらしい反応が見られた場面、心身の成長が感じられた出来事など、ポジティブな情報をたくさん伝えていきましょう。

逆に、相手の信頼を損なうような言動には、十分注意しなければなりません。何よりも大切なのは、誠実であること。たとえ相手を安心させたいという思いからであったとしても、真実でないことを伝えるのは、保護者の信頼を裏切ることにつながります。

もちろん、表現に工夫が必要なことはありますが、それが行きすぎて「嘘」にならないよう注意したいところです。その場しのぎで事を済ませようとせず、誠心誠意で対応するのだという心構えが何よりも大切です。

保護者を傷つけかねない言動には要注意！

気になる子の保護者とのコミュニケーションだからこそ、特に注意したいポイントもあります。

まずは、守秘義務について。その子の自宅での様子や困り事、最近の家庭環境の変化、場合によっては医療情報など、通常であれば他人に話さないような個人情報を耳にする可能性があります。ほかの保護者など関係者以外に話を漏らさないことはもちろん、メモを取った場合などの情報管理にも十分な配慮が求められます。

また、「この子はいつもこうだから仕方ない」と決め付けたり、「障害があるかもしれないから改善が難しい」といった態度を取ったりすることはNG。これらは保護者を傷つける言動であり、保育のプロとしてもふさわしくない姿勢といえます。気になる子自身も保護者も、困ったり悩んだりしているケースが多いことを忘れず、一緒に解決を図るイメージでコミュニケーションを取れるといいですね。

知っておきたい！
保育者に求められる
3つの要素

保育者である皆さんに、保護者はどんなことを求めているのでしょうか？　その要素を整理すると、「知識」「技術」「予見性」の3つを挙げることができます。たとえ若くても、子育て経験がなくても、自信を失う必要はありません。これら3つの要素について少しずつでも力を高めていくことが、保護者からの信頼感につながるのです。

- **知識** 子どもの発達や、それを支援するために必要な情報を持っている
- **技術** 実際に子どもや保護者と接し、状況に応じて、よりよい方向へ導くための行動が取れる
- **予見性** その子の成長について、より精度の高い見通しが立てられる

気になる子の保護者と話すときのポイント

「園での対応」と「子どもの変化」は必ずセットで

保護者に子どもの気になる様子を話す場合は、伝え方に十分な配慮が必要です。最も気を付けたいのが、欠点の指摘に終始しないこと。減点主義で子どもを評価し、できていない部分をあげつらうような話し方では、保護者を傷つけるばかりで解決には結び付かないでしょう。

　そこで大切なのが、気になる言動に加えて、園でどんな対応をしているか、それによって子どもにどんな変化があったかをセットで伝えることです。この情報を付け加えられるかどうかで、保護者からの信用度が大きく左右されます。もし、保護者に協力を求めたい点（家庭でもやってもらいたいことなど）がある場合は、その後に話すとスムーズになるはずです。

　また、子どもの気になる言動は、すぐに解決に至らないことも多いもの。むやみに保護者を焦らせることなく、長い目で見守ることの大切さも、会話の中で伝えられるといいですね。

伝え方の基本

子どもの気になった言動

（例）スプーンやフォークで食べ物を口に運ぶことが難しいようで、給食をこぼしたり、あまり食べられなかったりして泣いてしまう日が多いです。

↓

園での対応＋子どもの変化

（例）園では食器をこちらの種類に変えて、食材の切り方もこのように工夫したところ、楽しく食べられる時間が少しずつ増えてきました。

↓

保護者に協力してほしいこと

（例）おうちでも、食材の切り方など参考にしてみてくださいね。

やってしまいがちな話し方&改善法

一生懸命に話しているつもりでも、相手に伝わらなかったり、
傷つけてしまったりすることがあります。
そうした事態を避けるため、よくあるNG例と改善法を知っておきましょう。

NG 緊張したり気を遣いすぎたりして、話が不明瞭になる

改善法

話しているうちに自分でも何を言っているのか分からなくなったり、「つまりどういうことですか?」と聞かれたりすることが多いなら、事前に話の組み立てを整理することがおすすめ。メモ用紙などに、ざっくりとした流れを書いてみるといいでしょう。特に、冒頭で「○○のことなのですが」などと用件を伝えるよう意識することが大切です。

NG 自分の意見と事実を混同した状態で説明してしまう

改善法

実際の出来事や状況といった「事実」を伝えることに、まずは集中するといいでしょう。自分の思いや考え、判断などは、「○○な様子が見られたので、私は△△のように感じたのですが……」といったように区別して伝えられると理想的です。ただし、その際も「○○ちゃんは××がだめです」といったきつい言葉遣いは避けるようにしましょう。

NG 「困っています」「障害があるかも」といった言葉を安易に使う

改善法

保育者が「困っています」と言えば、多くの保護者は「わが子が園に迷惑をかけている」ととらえて萎縮します。また、障害名などを安易に持ち出すことで、相手にショックを与えたり関係性にヒビが入ったりする可能性も。園での様子を伝えること、おうちでの様子を聞くことを基本に、共に解決したいという姿勢が伝わるような表現を心がけましょう。

連絡帳で子どもの様子を伝えるときのポイント

「文面だからできること」は意外に多い

保護者との連絡手段として導入されている連絡帳ですが、気になる子の保護者とのコミュニケーションにおいても重要な存在といえます。園での様子を伝える、あるいは保護者から相談を受けるかたちで、皆さんも日々の保育で活用していることでしょう。

登降園の際にゆっくりと話す時間がなくても、連絡帳があれば毎日のように保護者とのやりとりを継続できます。直接話すのが苦手な人でも落ち着いて言葉を選べますし、記録に残すことで振り返れる意義も大きいでしょう。連絡帳は、まさに子どもの成長記録なのです。また、ほかの保護者や園児もいる場所で話すのと違って、プライバシーを確保しやすいというメリットもあります。

ただし、園でトラブルがあった場合など、保護者の顔を見ながら話した方が誤解を生みにくいこともあります。すべてを連絡帳に委ねるのではなく、うまく使い分ける意識を持つことが大切です。

連絡帳における文章上達のポイント

その場にいなかった保護者に園での様子を伝えるには、
分かりやすく的確な文章を書くことが求められます。
書くことに苦手意識がある人は、先輩や同僚の文章を参考にしながら上達を目指したいもの。
特に気を付けたい、2つのポイントをお伝えします。

ポイント 1 ｜ まずは5W1Hを意識するところから

「意識して書き足すべき要素」を知り、型に当てはめるように練習することで書く力が向上していきます。

- **When「いつ」**
  ⇒正確な時刻が不明なら、「お昼寝の時間」などと場面を描写してもOK。
- **Where「どこで」**
  ⇒読み手が状況をイメージできるよう、できるだけ具体的に書く。
- **Who「誰が」**
  ⇒文章では省きすぎない方がベター（特に複数の人物が登場する場面）。
- **What「何を／何が」**
  ⇒書き手にとっては当たり前の情報で、抜けてしまいやすいので注意。
- **Why「なぜ」**
  ⇒保育者や子どもの言動の背景、意図などを伝えるために重要な要素。
- **How「どのように／どれくらい」**
  ⇒子どもの様子やものの大きさ・容量、かかった時間など。

ポイント 2 ｜ クッション言葉や柔らかい表現を活用

文章は会話よりも細かなニュアンスが伝わりづらく、読み手にとってはきつい言葉に感じられることがあります。「お忙しいところすみませんが」「〇〇なお気持ち、よく分かります」など、クッション言葉や共感の言葉を活用すると、相手の心に届きやすい文章になります。語尾についても、「〇〇してください」といった書き方では命令のようにも感じられる可能性が。「〇〇をお願いできますか」「〇〇するのはどうでしょうか」といった、少し柔らかい表現にできると理想的です。

保護者の「困り事」を聞き取るときのポイント

言語化をサポートしつつ、話を整理しよう

保護者との信頼関係が深まるにつれて、子どもの様子について悩みを打ち明けられたり、どのように対応するべきか相談されたりすることも出てくるでしょう。面談の要望を受けたら、**プライバシーが確保できる個室**などを準備し、落ち着いて話を聞ける環境を整えます。

聞き取りたい内容の中心は、**「子どもの家での様子」**と**「日頃の対応で意識している点」**の2つです。保護者の不安に寄り添いつつ、丁寧に情報を引き出し、整理していきましょう。85ページの「５Ｗ１Ｈ」を意識しながら聞き取ることもおすすめです。

普段、相談相手がいない保護者の場合は、思いを言葉にすること自体に慣れていないケースも少なくありません。悩んでいることをどのように伝えればいいか分からず、面談中に混乱している様子があれば、**保育者が思いを引き出す問いを投げかけて的確にサポート**していきましょう。

面談で聞き取りたい内容

日頃の対応で意識している点

⇒家庭ではどのように対応している？

⇒その対応を取った後の子どもの反応は？

子どもの家での様子

⇒その様子が見られたのはいつ頃から？

⇒具体的にどんな行動・様子だった？

⇒どの場所で、どんな状況でその様子が見られる？

フラットな目線で思いを受け止めることが優先

面談といっても、物々しい深刻な雰囲気にする必要はありません。気兼ねなく思いを表出できる場であることを最初に伝え、面談中も問いただすような口調にならないよう気を付けましょう。会話が弾むほど情報が多く集まり、課題を浮き彫りにしやすくなります。

また、日頃の様子を見ていて保育者が想定していた内容と、実際に保護者から相談される内容に、差異があるケースは少なくありません。そうした場合も、まずは保護者の思いを受け止め、フラットな目線で話を聞くことが優先。「それよりも〇〇の方が気になります」など、自分の考えを押し付けないよう注意します。

なお、特に最初の面談では、保護者の話を整理することが主な目的です。園でどのように対応していくかは、必ずしもその場で即答する必要はありません。慌ててその場しのぎの対応を伝えるよりも、観察や検討の時間を取ってから、再度話し合いの場を持つことがおすすめです。

園での対応は
必ずしも即答しなくて
OK
気軽に話しやすい
雰囲気をつくって
声かけや質問を
想定と違う話でも
慌てず、
思いを受け止める

園での様子を保護者に確認してもらう方法

いつもの園での様子を見てもらうために

「百聞は一見に如かず」という言葉がありますが、これは保育にも当てはまります。自宅と園で、子どもがまったく違う様子だったり、予想外の言動を見せたりすることは少なくありません。だからこそ、保育者と保護者が連携し、情報共有を図ることが重要なのです。

しかし、言葉だけで詳細までをイメージしてもらうことはなかなか難しいもの。気になる言動がある子かどうかにかかわらず、保護者が「集団生活の中でのわが子」を知る機会は少なく、園からの発信が大きな意義を持つと考えられます。

園での様子を保護者に確認してもらうためには、左ページのような方法があります。行事や参観日のような特別な日に限定せず、日常生活を見てもらうことに重点を置きましょう。近年では、保育現場におけるICTツールの導入が進み、さまざまなかたちでの情報共有が可能になっているため、園の状況に応じて活用を検討していきたいところです。

保護者に園での様子を見てもらう手段

写真

保育者が子どもたちの様子をカメラで撮影し、おたよりに掲載したり、園に掲示したりする方法です。日常的に行っている園が多いと思いますが、気になる子の様子（特におともだちとの関わりの様子）を共有するという観点でも役立てられるでしょう。動画撮影より手軽に行いやすい点も魅力です。

見学

保育参観で子どもたちの様子を見てもらうほか、気になる点があるときなどには、保護者が子どもの様子をこっそり見られるよう配慮するケースも。子どもに見つかると大騒ぎになるので、マスクや帽子で顔を隠してもらうなど、ちょっとした「変装」をお願いすることもあるようです。

動画

普段の遊びや製作活動、食事、散歩などの様子を動画撮影しておき、保護者が集まるイベントなどで流す方法です。最近では、園での生活をライブ配信・動画配信するところも増えてきました。個人情報の取り扱いには注意が必要ですが、いつでも気軽に子どもの様子が見られるメリットは大きいでしょう。

保育ドキュメンテーションとは?

保育ドキュメンテーションとは、子どもたちの成長のプロセスを写真や動画などで記録していき、よりよい保育や対話のために役立てることを意味します。保護者へ子どもの様子を視覚的に伝えるほか、保育者が自身の業務を振り返る、保育者同士での検討材料にする、子どもに見せてコミュニケーションツールにするなど多くの意義があると考えられており、近年注目されています。

専門機関について提案するときの注意点

保護者の決断をサポートするような感覚で

保護者から話を聞いたり、園での様子を観察したりする中で、専門機関に相談する必要性を感じることがあるかもしれません。担任の保育者などが独断で動くのではなく、園内で十分な検討を重ねた上で、丁寧に保護者に情報提供することが重要だといえます。

なお、実際に専門機関へ行くかどうかを決めるのは、あくまでも保護者です。説明に熱が入るあまり、保育者が行くことを強要するような言い方にならないよう十分に注意が必要です。

また、一口に「専門機関」といっても、その役割や機能はさまざまです。地域によって名称や実態が異なるケースも多いため、思い込みや誤解が生じないよう気を付けましょう。一般的には、情報不足のまま専門性が高い機関を訪れるよりも、幅広く相談を受け付けている自治体の窓口などから相談を始めた方が、よりスムーズに適切な支援へたどり着きやすいと考えられます。

「もしかして虐待？」と思ったときは……

心配な言動は必ず記録&園内で共有

さまざまな保護者と関わる中で、「もしかして虐待？」と気になるケースに出合ったらどうすればいいのでしょうか。例えば、気になる言動を正そうとして、「しつけの一環」という理解で子どもをたたく人がいるかもしれません。しかし、こうした行為は一時的に効果があったとしても子どもの心に傷を残す可能性があり、ほかの子への暴力や、成長後の問題行動につながるおそれもあります。

保育者は常にアンテナを張っておき、こうした心配な言動が見られた場合は、必ず記録して園内で共有するようにしましょう。複数の目で見守りながら、どのように対応すべきかを丁寧に検討していく必要があります。

また、たたくことのデメリットを伝えたり、保護者が気付きにくい子どもの思いや訴えを代弁したりする役割も大切です。「保護者も苦しみ、悩んでいる」という視点を忘れずに見守っていきましょう。

Column 2

「決め付け」や「分かったつもり」には要注意！

発達障害への関心は、年々高まり続けているようです。知識が周知されていくことには利点もありますが、診断名や専門用語で定義付けることによって、その子を「分かったつもり」になるような風潮が広まっているのであれば問題でしょう。一度障害があると診断された子でも、年齢を重ねるにつれて症状が見られなくなるケースは珍しくありません。いわゆる、スロースターターな子どもだったわけです。3歳児健診にあたって発達障害のチェックリストを独自に作成したある地域では、8割を超える子どもが「発達障害あり」または「要観察」に該当し、問題になったそうです。見過ごしをなくそうという思いから評価内容が細かくなりすぎ、多様性を見失うような結果になってしまったのでしょう。子どもの成長には大きな個人差があり、育つ環境からも影響を受けます。日々成長・変化し続けるその子の姿を正しくとらえ、診断名や専門用語でなく、日常の言葉で語っていきたいですね。

第3章

周囲の子を含めた包括的な支援

子どもは一人で育つわけではなく、他者との関わりの中で成長していくもの。気になる子だけでなく周囲の子にも目を配りながら、よりよい保育を追求する姿勢が保育者には求められます。合理的配慮の視点や環境づくりのコツ、そして集団だからこそ可能な活動について解説していきます。

子育てで重要な立ち直る力、「レジリエンス」とは

「周囲との関係」がレジリエンスを育ててくれる

人間は一人きりで育つのではなく、周囲との関わりで刺激を受けたり、他者との比較で自分を客観的にとらえたりする中で成長するといわれています。特に幼児期は、社会性や感情コントロールといった観点から、人としての基盤をつくる重要な時期。気になる子に対しても、個別の対応だけに終始するのではなく、ほかの子どもたちや保育者の存在を念頭に置いた関わりが重要です。

とりわけ、周囲との関係づくりが深く影響すると考えられるのが「レジリエンス」という概念です。人間の心の回復力をさす言葉で、「立ち直る力」などと訳されることもあります。

レジリエンスを身に付けさせ、困難を乗り越えられる力を養うことは、子育てにおける大きな命題の一つ。気になる子の中には、この力が弱い子が少なくありません。だからこそ、保育者が積極的に働きかけ、集団の中で適切な関わりを増やしていく必要があるのです。

レジリエンスを高めるために必要な9つの力

レジリエンス（立ち直る力）を支える大切な力を、
9つに分類して解説します。
周囲との関わりがどんな意味を持つかも含めて、
チェックしていきましょう。

1 考えや感じ方を修正できる力

自分の思い込みに気付き、必要に応じて修正する力は、レジリエンスの根幹を成す力といえます。「それはおかしいよ」「私は○○だと思う」など、おともだちから指摘される経験は大切なもの。自分の考えや感じ方を見直すきっかけになり、そこから話し合いが生まれることもあるからです。子どもが周囲の意見に耳を傾け、柔軟に受け入れられた場面では、しっかりと褒めてあげることが重要です。

2 忘れる力

ストレス源に真正面から向き合うことが、常に正しいとは限りません。言語能力が未発達な子どもでは、大人にカウンセリングをするような感覚で悩みを解消することが難しい側面もあります。トラブルの内容や大きさによっては、話し合いでの解決にこだわりすぎない方がいいケースも。「気にしなくて大丈夫だよ」といった、ストレス源を忘れられるような働きかけを通して心を回復させることも大切です。

3 考えを受け入れる力

特別に早熟な子を除いて、自分の意見をはっきりと持って議論することができるのは、おおむね小学校高学年頃から。それ以前の段階では、まずは相手の考えや意見を素直に受け入れる姿勢が大切です。特に問題に直面した際、対応を教えてもらう経験を積むことで、レジリエンスが育まれていきます。「人の話をしっかりと聞く」「お手本をまねる」という素直な学習姿勢は、就学後にも役立つでしょう。

4 教えてもらうために質問できる力

自力で問題を解決することも大切ですが、人に質問する力も同じくらい重要です。「できない」「分からない」と訴えられない子は、周囲からの協力を受けられず結果的にできないままのため、自己効力感が育ちにくくなります。質問する力を養うためには、まずは保育者から「できるようになりたい？」と本人の気持ちを確認。その後に「じゃあ、お手伝いするね」と続け、やり方を教えるというステップを踏みましょう。

5 承認を求める力

その集団の中でどんな振る舞いをするべきか、2～3歳頃の子どもには言葉で説明してもあまり伝わりません。大人から褒められれば「いい行動」、叱られれば「やってはいけない行動」であると理解します。子ども自身からも積極的に周囲に承認を求められるといいのですが、こうした力が弱い子には「見て見てって言うんだよ」「お話が聞きたいな」と意識的に話しかけ、認められる喜びを体感してもらうことが重要です。

6 確認する力

不必要な失敗体験が多すぎると、レジリエンスの発達に影響することも考えられます。周囲に確認する力が弱く、自己流でしか物事を進められない子は、一定のリスクを抱えているといえるでしょう。子どもから「これでいい？」と確認し、「それでいいよ」「こうした方がいいよ」と保育者からの回答を受ける経験を増やしていきましょう。成功体験が増えることにつながり、次第に自信も付いてくるはずです。

7 柔軟な見方ができる力

物事を二分法（○か×か）でしか判断できない人は、心にストレスを抱えやすく、環境への適応も難しくなることがあります。2歳前後から多くの子どもに見られる考え方ですが、二分法ではとらえられない物事も多いことを少しずつ教える必要があります。「〜かもしれない」「たぶん」「おそらく」といった言葉の習得を通して、思い通りにならない事態へも柔軟に対応できるようになっていきます。

8 応援されて喜びを感じる力

かけっこなどの場面で、自然に応援の声が上がることがあります。「頑張れ！」と声援を受けることで、人はより大きな力を発揮できるもの。また、応援されているという実感は、ストレスから立ち直るときにも重要な働きをすると考えられます。応援する気持ちがまだ芽生えていない子には、声を上げるよう促して応援する喜びを教えたり、ほかの子から応援される場を設けたりするといいでしょう。

9 励まし、慰めてもらえる力

どんなに頑張っても、思うような結果が得られないこともあるのが現実です。そうしたときに大切なのが、仲間からの励まし。スポーツやゲームなどで負けてしまった子に「今度は頑張ろう」と声をかけたり、言葉はなくても横に座って背中をさすったりする子がいます。こうした思いやりある行動が見られる集団では、くじけた気持ちを立て直しやすく、心の回復を図りやすいといえるでしょう。

レジリエンスを高める年齢別の視点

前ページまでの「9つの力」を育むために、
発達段階ごとに意識したいポイントをまとめました。
周囲との関わりにまつわる点を中心にお伝えします。

2歳頃

自己主張が始まる

ほかの子との交流を促す

2歳台ではまだ平行遊びをすることが多いですが、同じ場にいれば、言葉に頼らないコミュニケーションが生まれることも。どんな関わりをしているか見守りながら、状況によってほかの子との交流も促してみましょう。

「はんぶんこ」を教える

2歳半くらいから「はんぶんこ」が理解できるようになってきます。言葉の力で感情をコントロールすることを学ぶためにも「はんぶんこ」を教えて、できたときには「すごいね」「上手だね」と褒めましょう。

3歳頃

役割の存在に気付く

役割のある遊びを取り入れる

おままごとなどの役割がある遊びを通して、立場によって物事の見方が異なることを学んでいきます。柔軟な思考を持ち、時には自分の考えを変える力を育むことは、きっと大人になってからも役立ってくれるでしょう。

説明に必要な言葉を教える

自分の言いたいことを適切に説明することは、まだまだ難しい時期。お互いにやり方を見せるなどして仲間と学び合いますが、説明に必要な言葉を習得するため、保育者が意識的に言葉を投げかけるといいでしょう。

4~5歳頃

勝ち負けへの意識が高まる

楽しく全力で競争できる環境づくり

仲間と競争しながら遊ぶ時間は、子どもが夢中になれる大切なもの。ずるをせずルールを守る、負けた子に配慮する、一生懸命に応援するといった点を教えて、競争を楽しめるような場をつくることに努めましょう。

目に見えないルールへの理解を促す

順番（1番目、2番目など）といった目に見えないルールも、少しずつ理解できるように。保育者が教えることはもちろん、子ども同士が教え合うような場面が出てくるよう、見守ることも意識してみましょう。

6歳頃〜

道徳観が芽生える

道徳心の中に「柔軟性」を

子どもの善悪の判断は、どうしても表面的なものになりがち。相手の立場や事情によって見方が変わることもあると教えるため、一方的に相手を非難するのではなく、しっかりと話を聞く姿勢を徐々に育んでいきましょう。

助け合う経験を増やそう

助け合うことの大切さ、そして目的を達成する喜びを学ぶ時期でもあります。子ども同士で机を運ぶ、仲間と一つのものを作り上げる、一緒に係活動をするなど、助け合う経験を日頃から増やしましょう。

5〜6歳頃

「決まり」の必要性を知る

ルールの目的や意味を伝える

決まりがあるからこそ物事が円滑に進み、事故やトラブルを防ぐことも可能になります。決まりの目的や意味を子どもに伝えたり、時には一緒に考え直してみたりして、その重要性に気付かせることが求められます。

「守れる自分」を意識させて

遊びの中でも決まりを理解し、それを守れる自分を意識させることは、自己評価を高めることにつながります。また、同じ約束事を守りながら一緒に遊ぶことが、子ども同士の仲間意識も強めてくれます。

5歳頃〜

話し合いが成立し始める

子ども同士の会話をアシスト

子どもの言語能力には個人差があり、特に子ども同士のやりとりでは勘違いや行き違いが起こりやすくなります。保育者は見守りの姿勢を取りつつ、適切な表現を教えたり、話すテーマを提案したりするといいでしょう。

冷静な話し合いを評価する

話し合いでは、乱暴なことをしたり、感情的になったりしないことが鉄則。思うようにならなくてもヒートアップせず、落ち着いた態度で意見を言えたときには思い切り褒めて、抑制力を育てていきます。

周囲の子が気になる子と一緒に育つ意義

人間的な成長や道徳観の育成につながる

保育所は児童福祉施設の一種であり、多様な子どもたちの保育にあたっています。気になる特性を持つ子どもはもちろん、障害がある子どもの受け入れも進みつつあることは、保育者の皆さんもよくご存じでしょう。

特別な配慮が必要な子と一緒に育つことは、周囲の子たちにとってもプラスの影響があると考えられています。自分とは異なる個性を持つ存在への理解を深めることが人間的な成長につながり、道徳観の基礎を築くことにもなるためです。

一方で、障害がある子や気になる子への配慮ばかりを重んじて、周囲の子に過剰な我慢を強いたり、特定の子ばかりに負担が集中したりしないよう、保育者は注意しなければなりません。子どもの一生を左右する価値観を健やかに育むためにも、みんなで一緒に楽しい時間を過ごしてもらうためにも、保育者が十分に配慮して介入することが求められるでしょう。

「子どもの発想」が支援のヒントになることも

　気になる子への対応にあたっては、周囲の子たちの発想を生かすことが有効なケースも少なくありません。そもそも、子どもの集団には「もっといいクラスになりたい」「みんなと仲良くなりたい」といった力学のようなものが働く傾向にあり、気になる子をサポートする流れが自然に発生することもあります。気になる子の個性や特性を理解し、周囲の子たちが適切な支援の方法を思い付く可能性があるわけです。

　保育者は、つい「大人が子どもを助ける」「大人が子どもに教える」という固定観念を抱いてしまいがち。しかし時には、同じ目線を持つ子どもが鋭い観察眼を発揮し、新たなサポート法を生み出すことがあるのです。気になる子の支援について迷ったとき、大人だけで悩むのではなく、子ども同士のやりとりや関わりを確認することが思わぬヒントにつながるかもしれません。

保育園時代の仲間が、将来心強い味方に

幼い頃に培われた子ども同士のつながりは、大人の想像を超えて強くなることもあります。ある保育園に多動の傾向がある男の子（U くん）がおり、困った行動を取ることも多々ありましたが、周囲の子は受け入れながら園生活を送っていました。彼らが成長して中学生になったとき、U くんは周囲とトラブルを起こしてしまいます。そんなとき、「U は本当はいいやつなんだ」と助けに入ってくれたのは、保育園時代の仲間たちでした。共に楽しい時を過ごした記憶が、強い絆につながったのかもしれません。

教育や保育の現場で大切な「合理的配慮」とは

実態に応じた個別支援が何より大切

合理的配慮とは、「障害者の権利に関する条約」の条文などで規定された概念（障害者の人権と基本的自由を確保するための「必要かつ適当な変更及び調整」であって、「均衡を失した又は過度の負担を課さないもの」）で、その否定は障害者に対する差別だとされています。例えば、車いす使用者のために段差を解消することで、困り事が発現しづらいよう配慮することなどをさします。

これは、教育や保育の分野でも大切な考え方だといえます。全員に一律の方法を強いるのではなく、一人ひとりの実態に応じた個別の支援を行うことで、同じように学んだり生活したりできるようにしていくイメージです。

気になる子は必ずしも障害を有しているわけではありませんが、合理的配慮の考え方を活用することはできるでしょう。診断名の有無にかかわらず、その子が必要としていることを見出し、適切に配慮する大切さは変わらないからです。

周囲の子の思いも忘れずに受け止めて

気になる子への配慮をした結果、ほかの子から「あの子だけずるい！」「どうしてあの子は特別なの？」といった反応が出てくるかもしれません。受け流したり叱ったりするのではなく、その子にとって必要な配慮であることを説明する、いいきっかけだと考えてみましょう。向社会的行動（他者を助けようとする自発的な行動）を促すことにつながり、周囲にもいい影響が波及していくはずです。

なお、向社会的行動が見られた子を、しっかりと褒めることも忘れずに。マイナスな言動と比べて、いいことをした瞬間は見逃されやすいため注意が必要です。

保育者としては、気になる子への配慮が単体で存在すると考えず、周囲にいい効果をもたらしたり、ほかの子にも役立ったりするよう工夫できると理想的です。決して簡単なことではありませんが、クラス全体を広い視野でとらえながら、よりよい支援に挑戦していきましょう。

どうして？
ずるい！
今の○○ちゃんには必要なことなんだよ

こうした反応を示す子の中には、「自分のことも見てほしい」「もっと構ってほしい」という思いが隠れていることも。意識的に関わりを増やすことを視野に入れておきましょう。

次ページから、保育園における6つの場面を想定しながら、クラス全体が過ごしやすくなる環境づくりのヒントをお伝えします。

なる環境づくりのヒント

登園・身支度

小学校などと違い、登園時間が子どもによって違う保育園では、どのように動くべきか分かりやすい動線を意識的につくることが一層大切になります。

やることをイラストなどで視覚化

どのように朝の準備をするか、どれが自分のもの（場所）かなど、頭に入れて実行するのはまだまだ難しい子も。イラストや写真で視覚化すれば、一人でスムーズに行える子が増えていくかもしれません。

入り口付近の情報量を減らす

「ほかの子が気になって朝の準備どころではない」という事態を防ぐことがポイント。仕切りを用いたり棚の位置を工夫したりして、視覚から入る情報量を減らすことで、集中を促しましょう。

マットなどを敷いてエリア分け

「ここは支度（着替え）をする場所」だと明確に示すため、マットなどの敷物を活用するのもいいでしょう。エリア分けされていることが子どもたちにもはっきりと伝わり、落ち着いて取り組めるようになります。

できれば脱ぎ着をしやすい服装に

着替えが難しい子は、保護者に協力をお願いして扱いやすい衣類にしてもらうことも一案。あるいは、服の前後や裏表などが分かるよう、目印（タグ、ボタン、マークなど）を付けることも効果的です。

物理的な「バリア」で事故を予防

真っすぐで長い通路などでは、つい走ってしまう子も。ほかの子との衝突事故を防ぐために、入り口付近など子どもの出入りが多く危険性が高い場所には、全力疾走ができないよう棚などを配置してみましょう。

「見守るのもお手伝い」だと伝える

支度が遅い子を周囲の子が手伝ってくれることもありますが、すべて人任せでは本人の力が育ちません。「見守るのもお手伝い」と説明した上で協力してもらうと、よりよい関係が築けるはずです。

クラス全体が過ごしやすく

食事

好き嫌いが多かったり、手先が不器用でうまく食べられなかったりする子を含めて、食事が楽しい時間になるよう工夫したいところです。

「おいしそう！」と思える雰囲気に

ぜひ優先したいのが、楽しく食べる気持ちを育むこと。「嫌いなものを食べられるように」「こぼさないように」といった指導は大切ですが、強い言葉を使うなどして食事がつらい時間にならないよう注意しましょう。

配膳では発達に応じた役割分担を

子どもが配膳の手伝いをする場合は、その子の発達に応じて役割を与えましょう。例えば、食事が入った器を運ぶのが難しい子でも、ふきんで机を拭いたり、スプーンを配ったりすることでの参加を促します。

子ども同士の相性で席を調整

おしゃべりが弾みすぎたり、活動的な子に目を取られたりして食事が進まない様子が見られたら、座席の位置を変えてみましょう。集中しやすい環境をつくれば、食事にかかる時間などが改善される可能性も。

その子が扱いやすい道具を使用

「○歳だから箸を使わないと」など、年齢だけを基準に食事の道具を選ぶことはおすすめできません。常に食事を「道具を使う練習の場」にしてしまうと、食べること自体がつらくなってしまう可能性もあります。

机やいすを運ぶことも成長のチャンス

食事の際、机やいすなどを運ぶ必要がある場合は、ぜひ2人1組でトライさせてみましょう※。相手の動きや力を感じ取りながら、息を合わせて動くことにつながり、心身のコントロール力を高めてくれます。

日常的な保育でも食育を取り入れて

食事の時間だけでなく、ほかの時間でも食育の要素を取り入れてみましょう。例えば、栄養素を子ども向けに解説したポスターを張る、食をテーマにした絵本を読み聞かせる、園で野菜を育てる、といったことです。

※5歳頃～が目安となります。

製作活動

保育園で頻繁に行われる、工作やお絵かきなどの製作活動。苦手意識がある子も「できた！」と感じられる方法を考えてみましょう。

見本や手順を視覚化して伝える

保育者が作った見本を見せたり、製作のプロセスを見える化したりして、やり方を伝えてみましょう。「何をすればいいのか」という見通しを持たせることが、子どもをやる気にさせてくれるはずです。

素材や道具を変更する

作業を進めることが難しいようであれば、その子がやりやすい方法や形式に変更するのも一案です。また、使用する素材や道具を変更することで、取り組みやすさに違いが出てくることも少なくありません。

待てない子には最後に道具を配布

使用する素材や道具を配る前に、「手はおひざだよ」と念を押しておきましょう。どうしても待てない子がいたら、手元に渡るのができるだけ後になるよう、配布する順番を調整することもおすすめ。

題材に集中できるよう一工夫

複数の選択肢から子どもに選ばせたり、題材に関連した話をしたりすると、子どもが興味を抱きやすくなります。どうしても集中できない子には、一時的にほかの活動をする選択肢も残しておくといいでしょう。

ほかの保育者にサポートを依頼する

人人の手助けを多く必要とする子がいると、全体に目が行き届きにくくなることも。可能であれば、ほかの保育者に一時的にサポートに入ってもらい、製作が苦手な子の手伝いをしてもらえると理想的です。

ゆとりある進行で製作を楽しむ

全員が同じペースで、同じゴールを目指すのは無理があることも。気になる子はみんなより少し早めに始めさせたり、「できなかった分は後で」という選択肢を残しておいたりして、楽しむ余裕をつくれるといいですね。

散歩

歩くペースをみんなに合わせられない子や、列から離れてしまう子がいるとき、どんな支援をすれば楽しい散歩になるでしょうか？

安全に歩くため「線」を意識

歩道を歩いたり、公園の敷地から出ずに遊んだりするためには、境界線を認識することが必要です。「線」を意識させるような遊び（115ページ参照）を取り入れるなどして、安全に園外を歩けるようにしましょう。

事前に「どこで何をするか」を提示

散歩に出かける前に、行く場所の絵や写真を見せて、どこで何をするか具体的に説明してみましょう。未知の場所や想定外のことが苦手な子はもちろん、ほかの子にとっても理解の助けになります。

園外での「安全第一」を徹底しよう

保育園の外に出たら、いつも以上に「安全第一」を意識しなくてはなりません。突然走り出してしまう傾向がある子は必ず保育者が手をつないだり、公園の出入り口に保育者が立ったりするよう注意します。

手をつなぐことも発達の助けに

相手の動きを予測する力が必要になるため、子どもにとって「手をつないで歩く」ことは意外に難しいもの。散歩中に誰かと手をつなぐことも社会性の芽生えにつながると知っておき、積極的に促しましょう。

帰る時間は小刻みにカウントダウン

園に帰る時間をこまめに伝えることで、気持ちを切り替えやすくなります。「長い針が6になったね、あと少しだよ」といった言葉を使って、終わりに近づいていることを段階的に伝えるといいでしょう。

練習をするなら慣れ親しんだ園庭で

手をつなぐ、「線」を意識する、外に飛び出さないといった練習は、日頃から園庭で行っておくことがおすすめ。慣れた環境で子どもが取り組みやすく、何かあったとき保育者も対応しやすいでしょう。

運動会

たくさんの人が訪れ、いつもと違うざわめきの中で行われる運動会。
楽しい思い出になるよう、
次のようなポイントを押さえておきましょう。

どこで何をするか伝えて不安を軽減

日常と異なる環境になることを、子どもにも分かるよう伝えておきましょう。言葉だけで説明するのではなく、昨年までの運動会の写真を見せたり、運動会を題材にした絵本を読んだりするのがおすすめです。

完璧にできなくても当たり前と考える

準備や対策をしても、当日に想定したようなかたちで参加できなくなる子も。特に、園庭ではない場所に移動するケースでは難しいことが多く、完璧にできなくても当たり前だと考えておくことが大切です。

保護者に事前説明することも一案

保護者との信頼関係が築けているようなら、本番でのイレギュラーな対応について事前に相談や説明をしておくと安心。例えば、「先生と一緒に参加する」「保護者にゴールに立ってもらう」といった内容です。

スタートの合図はピストル以外に

かけっこなどのスタート時、ピストルの「パーン」という大きな音は子どもを驚かせてしまいます。「走り出す」という意味の理解につながらないことも多いため、笛か声に置き換えるといいでしょう。

練習を撮影しておけば保護者もハッピー

運動会当日だけでなく、事前練習の様子も動画に撮っておくことがおすすめ。本番に弱いタイプの子でも、練習で頑張っている姿を確認することができ、保護者会などの場で流すと喜ばれるでしょう。

応援することでも一体感を得られる

一人で競技に参加できない場合は、保育者が手をつなぐなどして一緒に挑戦を。それでも厳しいときは、応援する側に回ってもらいましょう。「みんなと頑張った」という一体感を得やすくなります。

発表会

歌や劇、ダンスなどを披露する発表会は、子どもにとって非常に緊張しやすい場面でもあるため、いつも以上のサポートが求められます。

子ども同士で教え合う場面を意識

事前練習では、保育者が子どもたちに教えるだけでなく、子ども同士の関わりを増やすことも意識したいところ。年齢にもよりますが、「教え合う」「助け合う」経験が成長を促してくれるはずです。

上達を実感できるよう動画を活用

練習し始めた頃の動画を撮っておくといいでしょう。その後の指導で役立つことはもちろん、練習を重ねた現在の様子と見比べることで、子どもたちも上達を実感して自信を持つことにつながります。

「あの子と一緒」で参加しやすく

劇などセリフがある発表は、ハードルが高い子もいるでしょう。そんなときは、仲がいい子と出番をセットにしてみましょう。セリフを一緒に言う、その子の次に言うなど工夫すれば、参加しやすくなります。

立ち位置はテープではっきり示す

何もないステージ上で、予定通りに子どもが動くのは大変なことです。立ち位置や動いていい範囲など、テープで色分けしてはっきりさせておきましょう。キャラクターのシールなども有効な場合があります。

イベントを楽しむ心を保育者も忘れずに

よりよい発表にしようと努力することは大切ですが、精度を高めることばかりに集中し、子どもの気持ちに寄り添えていない――という状態は望ましくないでしょう。保育者が怖い顔になったり、厳しい言葉ばかり投げかけたりしていれば、イベントを楽しむ雰囲気が損なわれてしまいます。園の方針によるところもありますが、子どもたちが心から楽しむこと、そしてその姿を保護者と共有することを主眼に置いた、温かい場にできると素敵ですね。

周囲の子の保護者から苦情を受けたときの対応

うちの子が危ない目にあったりしていない？
この間クラスで大さわぎがあったって聞いたけど……
今度の運動会は大丈夫なのかしら？

園での対応を含め、前向きなメッセージを伝えよう

保護者同士の情報交換や子どもの言動などから、「わが子のクラスに気になる子がいる」と不安を覚える保護者がいるかもしれません。他児の保護者からこうした内容の問い合わせや要望があったときは、誤解を招くような説明にならないよう十分注意する必要があります。

基本的には、気になる子のことが過剰にネガティブにとらえられないよう言葉を選び、「園ではこのように対応している」「成長のプロセスにあるからこそ温かく見守ってほしい」といった前向きなメッセージを伝えたいところです。場合によっては園の責任者が対応し、保育方針などをしっかりと説明する必要があるでしょう。

なお、実際に子ども同士のトラブルがあった場合も、謝罪と状況説明に加えて、今後の対策について伝えることが肝心です。気になる子を責めるようなかたちで説明を行うなど、不適切な対応にならないよう気を付けましょう。

他児の保護者との会話におけるNGポイント

気になる子について、他児の保護者からの問い合わせなどに対応する際、以下のようなNGポイントに配慮しながら話を進めることが大切です。

NG

子どものことを悪く言うような表現を用いる

「あの子は多動傾向があるので落ち着きがなくて……」など、子どもの特性を悪く言うような表現は避けましょう。相談してきた他児の保護者がそうした言葉を使っても、保育者は「活動的で好奇心旺盛」などプラスの表現に置き換える姿勢が必要です。

NG

できないことをできるように答えてしまう

「あの子は発表会に出さないで」「クラスを別にしてほしい」など実現が難しい要望に対して、安易に「分かりました」といった受け答えをしないよう注意。自分にそのつもりがなくても、相手からは「承諾してもらえた」と誤解される恐れがあります。

NG

診断名や家庭環境など個人情報を漏らす

根掘り葉掘り聞かれたとしても、発達障害などの診断名（あるいは診断の有無）、または家庭環境や生活背景といった個人情報を勝手に漏らすことは厳禁です。保護者との信頼関係を決定的に壊しかねない行為であり、「うっかり」では済まされません。

要望や苦情の背景にあるものは？

気になる子に関する要望や苦情が多い保護者は、「それだけ不安に感じることが多い状態」ととらえることもできます。気になる子の件とは別に、自分の子どもや子育てに関する心配事が背景にあった……というケースも少なくありません。訴えの内容をそのまま受け取るだけでなく、「この人も悩みを抱えているかも？」という視点を持ちながら応じてみましょう。保育者の丁寧な対応が、思わぬ相談につながっていくかもしれません。

感情コントロール力を高める集団活動

相手の動きを意識しつつ、自分の動きを抑制

幼い子どもは、自分の気持ちを的確に伝えるのが難しいこともあり、まだ大人のように感情を制御できません。集団生活で人と関わることを通して抑制力を習得し、少しずつ自分の感情をコントロールできるようになっていくのです。日常生活のあらゆる場面で学べることではありますが、こうした力を育むことを意図した活動を、意識的に取り入れていくこともおすすめです。

そこで次ページからは、複数の子どもが関わりながら行い、感情をコントロールする力を高めてくれる活動を5つ紹介します。どれも相手を意識しながら動く必要があり、自分の動きをコントロールする練習になるものばかりです。また、実施にあたっては保育者の指示や相手の話にしっかりと耳を傾ける必要があり、学習の基礎的な姿勢を育むことにもつながります。活動のポイントを把握したら、園の環境や子どもの様子に合わせて、いろいろとアレンジしてみてください。

子ども同士で手をつないで歩く

散歩の時間などに、ほかの子と手をつなぎながら歩いてもらいます。
最初は少し難しいかもしれませんが、
おともだちと一緒に歩けることは、子どもにとっても喜びになるはずです。
「一緒で楽しいね」など、いい思い出になるような声かけをしていきましょう。

難易度調整

子ども同士では難しい場合は、保育者と一緒に歩くことから始めましょう。歩くスピードは子どもに合わせ、転びそうになったときはサポートを。その子が気になったものを話題にすることや、「あそこの木まで頑張ろう」など目標を意識させることも有効です。

活動の狙い

手をつないで歩くためには、相手の動きを予測することや、急な動きの変化に合わせることが必要になります。社会性の発達につながる活動であり、人のことに気を配ったり、ダンスや体操といった集団行動における基礎を養ったりすることにも役立ちます。

手をつないで歩く

1歳後半頃〜

ボールを転がす

3歳頃〜

二人一組でボールを転がし合う

ボールが扱えるようになったら、二人一組になり、
相手のところへボールを転がす遊びを取り入れてみましょう。
「○○ちゃんのところに届けるよ」「よく見ながら転がしてごらん」などと声かけしながら、
2mくらいの距離で始めるといいでしょう。

難易度調整

4歳くらいからは、手でボールを投げるのでなく、足で蹴ることでやりとりするのもいいでしょう。強く蹴りすぎないよう指導しつつ、最初は保育者と一緒に蹴り合うことから始めます。こちらも、おおむね2mの距離から取り組むことがおすすめです。

活動の狙い

狙った場所にボールを転がすことはなかなか難しく、身のこなし方や力の入れ具合を意識しながら行う必要があります。また、相手の存在を意識し、その行動を予測しながら投げることも求められ、子ども自身がよく考えながら活動する力を養ってくれます。

線を意識して遊ぶ

4歳頃〜

地面に円を描いてボール当てをする

地面に円を描き、内側と外側に2〜4人ずつ子どもを配置します。
外側の子がボールを持ち、内側の子を狙ってボールを投げる、
ドッジボールの簡易版のような遊びです。ポイントは、線を踏まないよう注意すること。
ボールを当てられたら、円から出て応援係になります。

難易度調整

2歳後半くらいから、線の上や間を歩く練習を始めることもおすすめ。例えば、15cm 程度の間隔で2本の白線を引き、その中央を歩いてもらうといったことです。5〜6歳頃からは、ジグザグの線の上を歩くなど、より難しい動きもできるようになっていきます。

活動の狙い

線を踏まない（線から出ない）ようにする遊びを通して、線というものがどんな意味を持つか理解することが目的の一つ。駅のホームで白線から出ないよう注意したり、テニスや野球など線を意識したルールがあるスポーツを楽しんだりすることにも影響します。

4歳頃〜

3〜4人で風船をパスし合う

保育者と3〜4人の子どもたちで、風船を落とさないように打ち合います。
最初のうちは、保育者が最初に風船を打ち、
子どもたちは保育者に向かって打ち返すという方法がいいでしょう。
動いて打つのが難しそうなら、いすに座って行うかたちでもOKです。

難易度調整

思ったように風船を動かせない場合は、参加人数を減らしたり、距離を短くしたりするといいでしょう。保育者と子ども、一対一でやってみることもおすすめです。また、風船をたたくのではなく、一度受け取ってから、両手で投げるかたちにすると簡単になります。

活動の狙い

フワフワとした動きが特徴で、割れることもある風船。狙った場所にパスするために、力加減や体の動きをコントロールすることが学べる遊びです。思い切り腕を振り回すのではなく、風船に手をチョンと優しく当てる感覚を初めに教えると分かりやすいでしょう。

感情コントロール力を高める集団活動⑤

ボールを運ぶ

5歳頃〜

2人でボールをおなかに挟んで歩く

スタートとゴールの位置を決め（4〜5m程度の距離に設定）、2人一組でボールを運びます。2人は向かい合って相手の肩を持ち、おなかの間にボールを挟むようにします。息を合わせて運んでいきますが、途中でボールを落としたら、その場からやり直しです。

難易度調整

相手とペースを合わせづらそうであれば、「いちに、いちに」などの声かけや手拍子を通して、足の動きを合わせるといいでしょう。慣れてきたら、「ボールを落としたらスタート位置からやり直し」「2グループで競争」など、ルールを変えていくこともおすすめです。

活動の狙い

ボールを思ったように運ぶためには、自分だけ早く進みたいという気持ちを抑えつつ、ボールを押す強さを調整する必要があります。遊びを通して抑制力を育むことができ、相手のペースや動きを考えて、自分の動きもコントロールする練習の機会にもなるでしょう。

Column 3

外国にルーツを持つ
子どもたちへの対応と支援

皆さんが働く園に、外国籍の子どもたちは通っているでしょうか？　ある調査では、「外国にルーツを持つ子どもを受け入れている」と回答した保育所等は、7割以上に上りました。言語や文化の壁、生活習慣の差異といった点で対応に悩んでいる保育者も少なくないようで、業界が抱える課題の一つだといえるかもしれません。今後、保護者対応のマニュアルや、文化の違いについて学ぶ場の整備などが望まれます。

「無口な子だと思ったら、家庭と園で使われている言葉が違うため戸惑っていた」「感覚過敏で偏食が激しい子だととらえていたが、食習慣の違いから食べ慣れないものが多いと分かった」といったケースも十分に考えられます。「できないことや気になることがある＝発達に遅れがある」と決め付けるのは、やはりNG。その子の生活背景を積極的に知ろうとすること、そして個別に必要な支援を探ることは、こうした観点からも重要なのです。

第4章

園・地域での受け入れ体制と連携

気になる子に対しては、誰かが一人で抱え込むのではなく、
園全体で連携しながらサポートを行うのが理想的。
さらに、「地域で支える」というより幅広い視点も重要になります。記録、巡回相談、
就学支援といったキーワードを軸に、よりスムーズな連携を実現するための要点をお伝えします。

気になる子を園全体で連携してサポート

一人で抱え込まず、周囲の見識を生かして

もし自分が担当するクラスに気になる子がいたとしたら、あなたはどのように支援の方法を模索するでしょうか？「自分のクラスのことだから一人で頑張らなくては」と考えたのなら、危険信号かもしれません。担当者として責任を持って取り組むことは重要ですが、それは決して孤軍奮闘することを意味するのではありません。周囲と手を取り合い、連携しながら園全体で解決を図る姿勢が大切です。

そもそも保育は、「経験」が大きな価値を持つ分野だといえます。これまでに「やったことがある」「見たことがある」人の見識を生かすことが、気になる子への対応を考える上でも大きなヒントになるはず。人の成長という、答えが一つとは限らない難題に挑むからこそ、多くの人の力が必要になるのです。自分の考えだけに固執して一人で悩むよりも、オープンマインドで誰かに相談するという経験を積極的に積んでいきましょう。

さまざまな立場や職種の人と協力し合おう

規模や種類にもよりますが、園内には数多くのスタッフがいるので、協力を依頼できることもあるはずです。

例えば、園長や主任クラスの先生は、管理者として現場の相談に応じたり、保護者からの問い合わせに応じたりするほか、個別の対応が必要になった子に付き添うなどして現場を助けてくれることもあります。他クラスを担当する先生には、イベントや集まりの際に手助けしてもらえるよう、気になる子の情報を事前に共有できるといいでしょう。

周囲と日頃からコミュニケーションを取ることで、気になる子の情報が集まりやすくなるという利点もあります。例えば、朝晩など担任がいない時間帯にクラスを見てくれる先生から、その子の意外な一面について教えてもらえるかもしれません。スタッフによってとらえ方や観察の視点は異なるため、複数の目が入ることで、その子をより正確に理解することができるのです。

雑談からヒントが生まれることも!

かしこまった場では話しづらいこともあるからこそ、日常の中で気になる子について気軽に話せる場をつくりたいもの。職場での昼食時間、あるいは帰宅のタイミングなどに話をする中で、思わぬヒントが得られることは少なくありません。あらかじめ、日常の申し送りで「〇〇くんについて気付いたことがあれば教えてください」などとお願いしておき、雑談の中でさりげなく尋ねてみるのもおすすめです。

記録を活用して連携をよりスムーズに

何にどう困っているか
うーん…
自分ではどうしていきたいか

↓

課題をはっきりさせ、相手に伝わりやすくしよう！

「気付いてくれるだろう」の姿勢はNG

単に助けを待っているだけでは、園内で協力体制を築くことは難しいかもしれません。真剣に悩んでいればいるほど、「こんなに困っているのだから誰かが気付いてサポートしてくれるはず」と思い込んでしまいがち。しかし、あなたの思いは、言葉にしなければ周囲には伝わりません。相談したいことがあると自身から発信し、動き出す勇気が必要なのです。

そのとき大切なのが、自分が抱えている問題点を的確に伝えられるように準備しておくことです。頭の中がモヤモヤしたまま人に相談すると、話の要点が非常に分かりづらくなり、「大変だ」と感情的に訴えるだけになりかねないため注意が必要です。保育日誌などの記録を基に、「何にどう困っているか」「自分ではどうしていきたいか」の2点を明確にしておくといいでしょう。ほかの人に伝えやすくなるだけでなく、言語化する中で課題がはっきりしてくるという側面もあります。

記録を残しておくことのメリット

気になる子に関して記録を残しておくことは、右ページのような相談の際に活用できるだけでなく、ほかにも数多くのメリットを生み出してくれます。

1 読み返して分析・共有できる

いつ何が起こったか、自分がどんな対応をしたか、その結果がどうだったかという記録が残っていれば、後から自分の保育を振り返ることができます。また、情報が蓄積していけば分析も可能になります。困った行動が起こるときの共通点、あるいは困った行動が起こるときと起こらないときの違いなどが見えてくるかもしれません。なお、こうした記録は、担任が切り替わる際の引き継ぎ書類としても非常に有用です。

2 子どもの成長が見えてくる

子どもの変化はゆっくりであることが多く、目に見えて激変するようなことはレアケース。気になる子についても、成長の軌跡はなかなか見えにくいのが現実です。しかし、具体的かつ経時的な記録があれば、本人が変化していく様子をとらえやすくなります。「変わった！」と実感できることで、保育者が新たな気持ちで子どもに向かい合えるという意義も大きいでしょう。

3 支援内容を具体的に提示できる

気になる子の支援や対応について保護者から問い合わせがあったような場合に、記録があれば具体的な内容を明確に答えられます。万が一、トラブルが発生したようなときには、いつ何が起こったかを振り返る材料になったり、保育者が適切な対応をした証拠になったりする可能性もあるでしょう。

実践！気になる子の記録を付けてみよう

自分の分析や感想は分ける
できるだけ言動を具体的に

後から読んでも分かりやすい記録に

気になる子の具体的なエピソードを記録する際は、保育日誌に書き込んでもいいですが、個別の記入シートを使用することも一案です。特定の子の記録を厚めに残したいとき、経時的な変化を分かりやすくとらえたいときなどは、特に役立つでしょう。左ページに2種類のシートと記入例を掲載したので、ぜひ活用してみてください。

失敗を恐れず、自由に書いてみるのがおすすめですが、数点だけポイントを押さえておきましょう。まずは、できるだけ具体的にその子の言動を書き残し、あいまいな表現は避けること。例えば「大騒ぎした」という言葉だけでは、大声で泣いているのか、ものを投げたのかといった具体的な姿を、読み手がイメージできません。

また、事実と意見をごちゃまぜにすると、後から読んだときに混乱するので要注意。見たままの事実を記し、自分の分析や感想は分けて書くといいでしょう。

気になった場面シート　困った場面をしっかりと記録&分析！

・子どもの気になる言動について、場面ごとに記録するためのシート
・保育者がどんな考えで対応したか、それに対する子どもの反応はどうだったか、それらを受けて今後どのように支援する予定か、といった点を書き込む

記入例

気になった場面シート

20●●年度

対象児：　ひよこ組　〇〇くん（3歳）　　記入者：　クラス担任　△△

日付	気になった場面	保育者の指導・考え方	子どもの反応	今後の対応
5/6	給食の後、歯磨きを嫌がって、ハブラシを鏡に投げつけた。	物を投げてはいけないことを伝え、「うがいだけでもやってみよう」と声をかけた。	しぶしぶうがいに応じた。ハブラシについては「オエッてなっちゃう」と話した。	使用するハブラシの種類について検討する。ハブラシの動かし方を練習させる。

ポジティブな場面シート　「いい側面」へ意識的に目を向けるために

・子どもがいい行動をしたり、成長が感じられたりした場面を書き残すためのシート
・その行動が見られた状況や内容、保育者の対応（褒めたときのセリフなど）、それに対する子どもの反応などを書き込む

記入例

ポジティブな場面シート

20●●年度

対象児：　うさぎ組　〇〇ちゃん（4歳）　　記入者：　クラス担任　△△

日付	状況	子どもの行動	保育者の対応	子どもの反応
7/15	異年齢での自由遊びの時間、保育室にて。	1歳児の××ちゃんから人形を取ったが、その子が泣き出したら「ごめんね」とすぐに返した。	すぐに「お姉さんだね、えらいよ！」と笑顔で声をかけた。	表情はあまり変わらなかったが、その後の時間も××ちゃんと仲良く遊んでいた。

次ページに、コピーして使える2つのシートを掲載！
さっそく記録の作成に挑戦してみましょう。

気になった場面シート

年度

対象児：　　　　　　　　　　　　記入者：

日付	気になった場面	保育者の指導・考え方	子どもの反応	今後の対応
/				
/				
/				
/				
/				
/				
/				
/				
/				

ポジティブな場面シート

年度

対象児：　　　　　　　　　　記入者：

日付	状況	子どもの行動	保育者の対応	子どもの反応
／				
／				
／				
／				
／				
／				
／				
／				
／				

地域の他機関と連携しながら行う支援

保育者も「地域連携」の意識を忘れずに

気になる子とその保育者を支えているのは、園の保育者だけではありません。地域には数多くの専門機関や資源が存在し、それぞれが連携しつつ支援を進めることが望ましいとされています。

ライフステージや発達段階の変化に伴い、子どもに関わる人々も変化していくもの。また、週のうち数日は児童発達支援センターに通い、残りは保育園に通うなど、複数の機関を同時に利用しながら育つ子も少なくありません。各機関が連携することで「切れ目のない支援」や「矛盾のない支援」が可能になり、子どもや保護者を混乱させることなくサポートすることができます。

また、多様な目が入ることでその子への理解が深まり、不適切な関わりが起こりづらくなるというメリットも考えられます。保育者としても「他機関のことは関係ない」と考えるのではなく、積極的に連携しようとする姿勢を忘れないようにしましょう。

子どもと保護者を取り巻く地域連携の在り方

（一例）

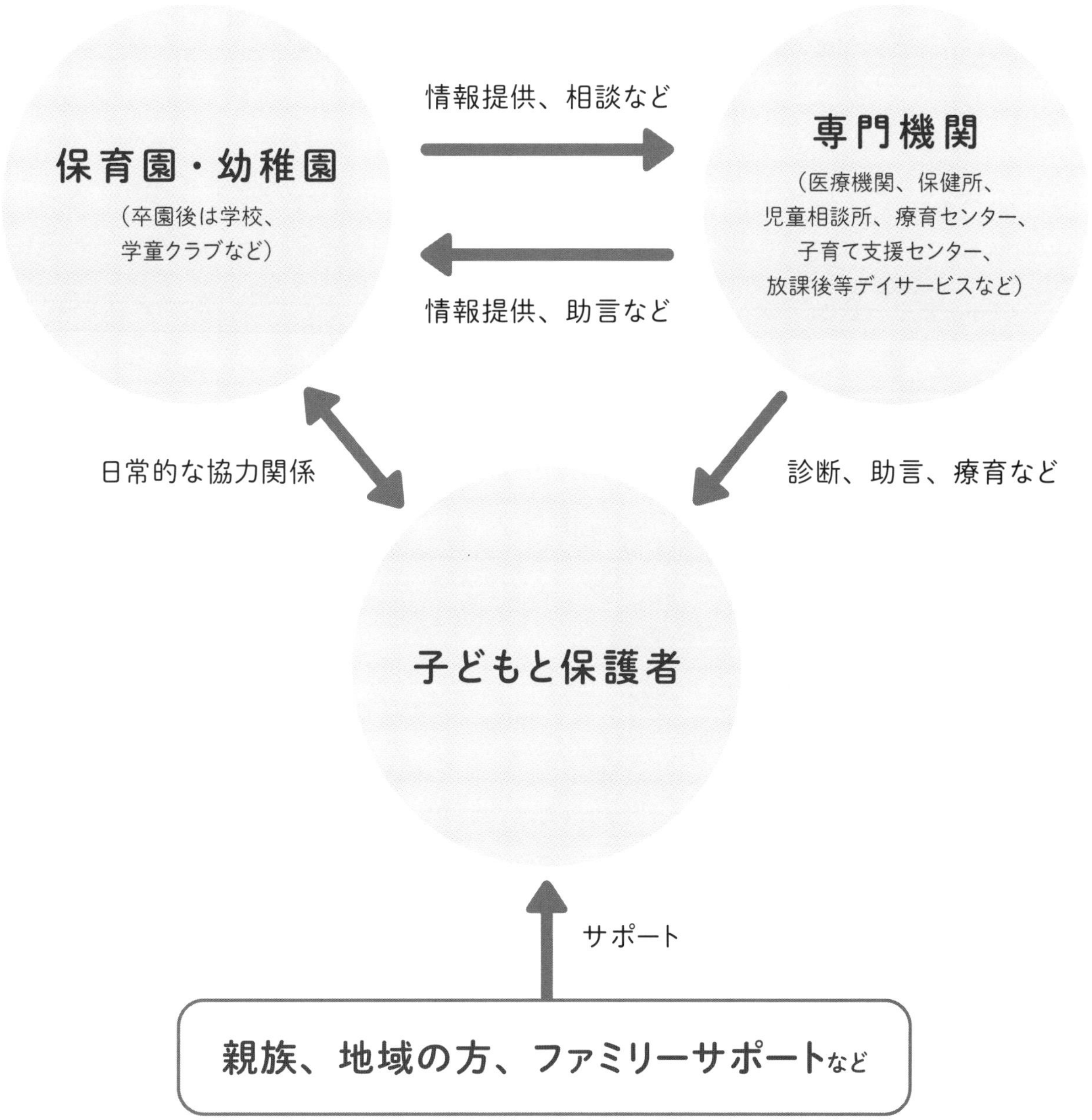

このように見ると、子どもと保護者の周囲には多くの「支援の手」があることが分かります。保育園がほかの機関と関わる場面も珍しくありません。例えば、療育センターのスタッフが、気になる子の普段の姿を確認するために保育園へ見学に来るといったことが考えられます。

※小倉尚子：支援者のレジリエンスを高めるためには．チャイルドヘルス Vol.23 No.10．診断と治療社，2020．（図 4 を参照し、監修者の指導を受けて作成）

地域の「巡回相談」を上手に活用しよう

専門性の高い相談員が来園してアドバイス

巡回相談とは、保育園をはじめとする地域の子育て支援施設を相談員が訪れ、さまざまな助言をすることをさします。発達障害などを抱える子はもちろん、気になる子についても相談が可能。地域によって制度が整っていない（あるいは内容が異なる）こともありますが、自治体による支援事業の一つとして近年広がりを見せています。

相談員として来園するのは、発達障害などに関する知識を持つ作業療法士や言語聴覚士、臨床心理技術者、保育士など（自治体によって異なる可能性があります）。園からの要請を受けて現場に赴き、子どもの様子や保育者の関わりを観察したり、子どもと直接関わったりする中で、発達状況などを分析して対応の方向性を伝えていきます。専門的な知識を有する相談員が客観的に現場を見ることで、自分たちでは気付きにくい子どもの側面を知れたり、有用な支援法を学べたりするのが大きなメリットです。

巡回相談を活用するポイント

巡回相談を効果的なものにするため、次のようなポイントを押さえ、
貴重な機会を最大限に生かしましょう。

1 事前に相談内容をまとめておく

相談の対象となる子があらかじめ決まっている場合は、その子のどんな部分に困っているか、具体的な姿や場面をまとめておきましょう。相談内容が明確になっていれば、限られた時間の中でもポイントを押さえた観察・助言が可能になります。

2 自然な姿が見られるよう配慮を

その子のいつも通りの姿を、相談員に見てもらうことが大切。巡回相談の対象が誰か、本人にも周囲の子にも意識させないよう配慮しましょう。観察中、気にする子がいたら「みんなが元気か見に来たんだよ」など当たり障りのない説明を。

3 保護者に伝える内容は事前相談

相談員が保育者向けに行ったアドバイスを、そのまま保護者に伝えるのは望ましくないこともあります。保護者に対してはどんな方向性で支援すべきか、何をどのように伝えるべきかについても、相談員に確認しておくと安心です。

4 同席するスタッフを決めておく

相談員からアドバイスを受けるときは、担任の保育者だけでなく園長や主任クラスの先生も同席するのが一般的。一方で、担任の保育者が本音で話せるようにあえてほかの先生は同席しないこともあり、目的に応じて決めるといいでしょう。

5 アドバイスを園内で共有&活用

せっかく専門家から受けたアドバイスを、その子に関わるスタッフだけが知るのではもったいない！簡単な報告書のような形式にまとめて園内のスタッフに閲覧してもらい、すぐにでも日々の保育に生かしていきましょう。

実録！

巡回相談を受けた、ある保育園の例

本書の監修者である湯汲英史先生は、35年以上にわたって保育園で巡回相談に応じてきた大ベテランです。
巡回相談がどんな流れで行われるか例示してもらい、
長年の経験から保育者にアドバイスする上で大切にしていることを伺いました。

※湯汲先生が体験した一例を本書用に編集したものであり、自治体や状況によって詳細は異なります。

～前日

- 対象児ごとに、指定の様式で作成した調査票を園が提出

→相談員は事前に対象児や相談内容をチェック

〈調査票に含まれる内容〉

- ・年齢、家族構成、他機関で受けている支援
- ・身体状況、食事や排泄などのADL
- ・コミュニケーション（言語表出、理解の程度）
- ・遊びの中での様子（集団で遊べるか、ルールを理解できるかなど）
- ・対人行動の特徴（会話はかみ合うか、対大人と子ども同士で違いがあるかなど）
- ・強いこだわり、感覚過敏、問題行動の有無
- ・具体的な相談事項

9:30

- 相談員が来園
- 園長先生、担任の保育者と事前打ち合わせ

→園内での動きや注意点などを確認

コロナ禍では園で撮影した映像を基に観察を行ったケースも

10:30

- Aくん、Bくん、Cちゃんのクラスを順番に観察

〈観察のポイント〉

- ・問題となる行動がどんな状況で起こっているか
- ・本人の表情や動きなど、どんな様子か
- ・周囲の子や保育者とどのように関わっているか
- ・保育者の支援に対してどんな反応を示しているか

13:00

- Aくん、Bくん、Cちゃんとそれぞれ個別にお話しタイム

→25ページにある「好きなこと調査」のように、その子が興味を持っていることを聞き出しながら、質問に対する反応や答え方をチェックしていくことが基本

14:00

- 園長先生、担任の保育者と面談

→観察や子どもたちとのお話しタイムを通して、専門家の視点で気付いたことを報告

→保育者の関わり方で優れている点、変えていった方がいい点などを具体的にアドバイス

→保護者に対する支援の方向性や、環境面での改善点を指摘することも

15:30

- 巡回相談終了

後日～

- 相談員からのアドバイスを担任の保育者などが報告書にまとめる

→園内で情報共有し、Aくん、Bくん、Cちゃんへの関わりに生かす（ほかの子の支援に応用できる可能性も）

- 保護者へのフィードバックを行う場合は、面談の機会を設ける

湯汲先生が巡回相談で大切にしていること

巡回相談では、子どもの気になる言動に表面的に目を向けて助言するのではなく、成長過程でどんな課題が生じているのかという「背景」に踏み込んで説明することを心がけています。また、子どもの状態は、この先もずっと同じまま――ということは基本的にありません。いつか必ず変化が訪れると伝え、先が見えない不安を払拭することも重視しています。まじめな保育者の皆さんは、子どもの様子が改善しないと「自分の関わりが悪いからでは？」と自責の念に駆られることも珍しくありません。プロの適切な関わりがあってこそよくなっている部分を見出し、そこを肯定することも意識しています。私たち相談員のアドバイスが、少しでも現場の皆さんの力になればうれしく思います。

「就学相談」と保育者に望まれる役割

園がある地域の就学相談を知っておこう

気になる子が年長クラスに在籍している場合、卒園後の心配事も増えていきやすいもの。就学先の希望を決めるのはあくまでも保護者の役割ですが、適切な意思決定やスムーズで切れ目のない支援を実現するため、保育者に期待される役割も大きいといえるでしょう。

心身の発達に不安や悩みを抱える子どもについて、特別な支援の必要性を検討しつつ、適切な就学先の相談をすることを「就学相談」と呼びます。多くの場合、窓口になるのは地域の教育委員会で、「就学相談委員会」や「教育支援委員会」といった名称が付けられていることも。特別支援学校・特別支援学級などの利用を希望している場合は就学相談を受ける必要がありますが、相談の結果、就学先が通常学級となるケースもあります。保育者は、地域の就学相談について実態を把握しておき、保護者の求めに応じて情報提供したり、不安に寄り添ったりする姿勢が求められます。

就学先が決まるまでの大まかなプロセス

就学相談の流れ、就学先決定の基準、
本人や家庭に向けたサポート内容などは、地域によって異なります。
ここでは、就学までの大まかなプロセスを把握しておきましょう。

学校見学・体験会

就学する可能性がある学校・学級などを子どもと保護者が訪れ、見学します。地域や学校・学級によっては、実際に授業を体験できることもあります。

就学相談会

子どもの行動観察や発達検査、グループ行動観察、保護者の面談、医師の診察などが行われることが一般的です。日常生活の様子を担当者が知るため、子どもが通う保育園などを訪問したり、確認の連絡を行ったりすることもあります。

説明会・ガイダンス

地域における学びの場、就学先を決めるまでの流れなどについて、多くの自治体が4月以降に説明会を実施します。なお、就学相談の案内は地域の学校や保育園、幼稚園から行うケースもあれば、保護者から専用窓口に申し込みが必要なケースもあります。

↓

就学時健康診断

翌年4月に就学予定の子どもを対象に、指定された会場（基本的に学区域の小学校）で実施される健康診断です。子どもの健診中、保護者は別室で学校説明などを受けることが多いです。

学校選択

就学先の決定においては、本人や保護者の意向が尊重されます。子どもの状態や教育的ニーズ、地域や学校の状況、専門家の意見などを踏まえ、時には複数回の話し合いを経ながら合意を形成していきます。

↓

就学先決定

冬頃に就学先が決まり、就学通知書が届きます。入学後、子どもの発達の状態などに応じて就学先を変更（転籍・転学）することも可能です。ただし、教員や教室の不足といった課題もあり、常に希望がかなうとは限りません。

就学に向けた年長クラスで注意すること

卒園後の生活が楽しみになるように働きかける

年長クラスでは、就学後にいわゆる小1プロブレム（子どもが小学校での生活に適応できず問題行動などを起こすこと）が発生しないよう、園での生活からのギャップをなるべく減らせるように支援したいところです。

例えば、小学校で落ち着いて授業を受けられるよう、いすに座って作業する時間を少しずつ増やしていくことなどが考えられます。これまでの活動の延長のような感覚で、楽しみながら行えるといいですね。

そして、最も大切なことの一つが、小学校に対して子どもたちにポジティブなイメージを抱いてもらうことです。「小学校では○○しないと怒られるよ」などと不安をあおるのではなく、「小学校の図書館には本がたくさんあるんだよ」など、楽しみにできる情報を提供。「自分も行ってみたい！」「もうすぐお兄さん、お姉さんだ」とワクワクする気持ちこそが、子どもが成長する原動力になってくれるはずです。

就学先となる主な選択肢

障害があったり、心身の発達に課題を抱えていたりする子どもの就学先として、
以下のような選択肢があることも知っておきましょう。

通級指導教室

普段は通常の学級に在籍し、各教科の授業に参加するものの、自立活動や各教科の補充指導などは通級指導教室で受けるかたちです（自校内に設置がない場合は、他校の通級指導教室へ通うことになります）。指導時間は週1～8時間（単位）以内が標準とされており、一人ひとりの障害や特性に合わせて個別指導を受けることができます。近年、発達障害がある児童の利用に伴い、通級指導教室の利用者は増加傾向にあるとされています。

通常学級

1クラス35～40人を標準とする一般的な進学先で、おおむね通常の学校生活が送れる（集団学習に参加できる）子が在籍します。サポートが必要な子がいる場合は、加配制度により教育支援員などを配置して生活や学習のサポートを行うことも。また、近年では一部の教科で、習熟度別の指導や少人数指導が導入されているケースも増えつつあります。

特別支援学校

視覚障害者、聴覚障害者、知的障害者、肢体不自由者および病弱者（身体虚弱者を含む）について、障害の程度が比較的重い児童を対象に、より専門性が高い教育を行う学校です。幼稚部、小学部、中学部、高等部が設置され、小学部の1クラス当たりの定員は6人が基本とされています。特別支援学級と同様、各教科の学習に加えて、障害による学習上または生活上の困難の改善・克服などを目的とした自立活動が含まれていることが特徴です。

特別支援学級

障害のある子どもや、学習や社会適応に困難さを抱える子どものため、小学校などの中に設置される学級。知的障害、肢体不自由、病弱・身体虚弱、弱視、難聴、言語障害、自閉症・情緒障害といった対象別に分かれています（特別支援学校の対象ほど重度の障害を有していないことが原則）。その子の障害の種類や程度、ニーズに応じて、自立活動を含む教育課程が決定されます。また、通常学級の児童と一緒に学ぶ、交流や共同学習も推進されています。

放課後や学校休業日に
「放課後等デイサービス」へ通う児童もいます。
これは、障害がある子どもたちの放課後等の居場所であり、
自立した日常生活を送るために必要な訓練や
地域交流の機会などが提供されます。

就学支援シートの意義と作成のポイント

園ならではの視点を就学先に伝える

卒園してからも継続的なサポートが望まれる子どもについて、「就学支援シート」を用いて就学先と情報共有することがあります。様式は自治体ごとに異なりますが、保護者の記入欄（例：成育歴や育児で大切にしてきたこと）と保育園・幼稚園の記入欄（例：園での様子や支援内容）、両方があることが多いでしょう。自治体から保育園などへ配布され、保護者の求めに応じて、あるいは同意の下で作成。完成したら、保護者が就学先の小学校などへ提出します。

就学支援シートの作成にあたっては、その子の問題行動ばかりあげつらうようなことはせず、「どんな困り事を抱えているか」「どんな関わりやサポートが有効だったか」が就学先に伝わるよう記載することが大切です。長い時間かけてその子を見てきた保育者ならではの視点や、入園から現在までの「成長の幅」を伝えられる意義はとても大きいはずです。

就学支援シートの記入例（保育園・幼稚園記入欄）

就学支援シート（保育園・幼稚園記入欄）

■お子さんの名前	○○組　Yくん	
■園名・連絡先	○○保育園	000-0000

■記入者	○○　○○

■発達や健康について

・一語文が出始めたのが２歳頃からでゆっくりめだったが、現在はおおむね年齢相当の発話が可能。
・一斉指示は基本的に理解できるが、複雑な文章は把握が難しいことも多い。

■性格や行動について

・刺激に弱く、周囲の物事に敏感に反応し、落ち着いていられないことがある。
・自分の思いをうまく言葉にできず、物の貸し借りなどで他児とトラブルになりやすい。

■園で行ってきた工夫・学校で続けてほしい配慮

日常生活	・場面の切り替えでは、次の行動に意識が向けられるよう、本人の目を見ながら言葉で確認した。 ・朝の支度など決まった生活の流れについては、イラストカードを組み合わせて「やるべき手順」を見える化した。
遊び	・外遊びが大好きで、かけっこなどで気持ちを発散できる部分があった。 ・新しい人間関係の中で、自分の気持ちを表現するのはかなり難しいことが想像され、本人の気持ちを大人が代弁するといったサポートが適宜必要だと思われる。
その他	・気が散りにくいよう、ほかの子が目に入りにくい前の方の座席にするなど配慮していた。

■特記事項

・３年前、同園に在籍していたYくんの姉も○○小学校に入学。Yくん同様、卒園当時は落ち着きがないといった傾向が認められた。

※就学支援シートの書式や名称は、自治体によって異なります。

よりよい保育者として活躍し続けるために

肩の力を抜き、「頑張りすぎ」には要注意

子どもたちのために、もっといい保育をするために、自分には何ができるだろう――。こうした思いで日々、現場に立っている皆さんは、まさに保育者の鏡だといえるでしょう。しかし、熱心な思いが行きすぎてしまうと、心配なことも出てきます。子どもの成長は長い時間を要するもので、「早く結果を出さなければ」「状況が改善しないのは自分が至らないせいだ」と焦るのは禁物です。

気になる子に対しても、「こうあるべき」と偏った思考で頑張りすぎると、その子のありのままの姿が見えにくくなるもの。できないことやネガティブな側面ばかり目についたり、子どもを助けたり褒めたりといった支援が適切に行えなくなったりすることもあります。

自分の視野が狭くなっていると感じたら、ひとまず深呼吸。リラックスした状態で、笑顔で子どもに関わることの大切さを、もう一度思い出してみましょう。

自分たちのレジリエンスも高めていこう

試行錯誤が必要不可欠で、理想通りには進まないことも少なくない保育の仕事だからこそ、保育者自身もレジリエンス（立ち直る力）を高めることが重要になります。

たとえうまくいかないことがあって落ち込んでも、そこから立ち直って再び挑戦すること。そして、自分一人の考えや見方に固執するのではなく、周囲の協力を得ながら柔軟に物事を進めていくこと。こうした保育者の姿を子どもに見せること自体が、素晴らしい教育になっているという考え方もできるのではないでしょうか。

第3章（94ページ〜）では、レジリエンスは周囲との関係によって育てられると解説しました。これは子どもに限ったことではなく、大人にも共通する大切なポイントといえます。職場の仲間たちと承認し合ったり、支え合ったりできるような関係を築いていき、園内や関係者の皆でレジリエンスを高めていけたら素敵ですね。

保育者が意識したい、代表的なレジリエンスの力

忘れる力

失敗したことやつらい記憶に
こだわりすぎず、うまく手放せる力

質問できる力

分からないことがあったとき、
臆せず人に尋ねられる力

考えを受け入れる力

自分とは異なる考えにも
耳を傾け、時に受け入れる力

頑張りすぎず、保育を楽しむことが大切

今しか見られない子どもの姿を愛しんで

乳幼児期の子どもたちに寄り添い、その生活を支え、場合によっては保護者よりも長い時間を一緒に過ごしている保育者の皆さん。まずはその努力を自分で認め、褒めてあげてください。皆さんの関わりが子どもたちの人生の「基礎」を耕し、いつか大きく花開くことを支えているのです。

そして、今の子どもの姿は、まさに今しか見られないことを忘れずにいてください。「気になる」とされる子どもたちも日々成長しており、ひょっとしたら、1年後にはまったく違うことに悩んでいるかもしれません。そして同時に、私たち大人も学びながら、子どもと共に成長しているものです。

関わりがうまくいくことも、いかないこともありますが、試行錯誤の中でその子への理解が深まっていきます。今だけしかない子どもたちの姿をポジティブにとらえ、「かわいい」と思える一つひとつの瞬間を大切にしていきましょう。

心がモヤモヤしたときに有効なストップ法

まだ実際には起こっていないうちから、あるいは過去の思い出から、嫌な出来事やイメージが頭の中に浮かんできて、不安や緊張感に押しつぶされそうになったことはありませんか？　そうしたときは、「このことはもう考えない」という意味を込めて、「ストップ！」と声に出してみましょう。同時に手をたたいたり、立ち上がったりしてもいいでしょう。これはストップ法（思考停止法）などと呼ばれる心理学の手法で、悲観的な思考を中断することに役立つとされています。

本当に心が疲れてしまったときは

真剣に業務へ取り組み、まじめな性格の人が多い保育者の皆さん。頑張りすぎるあまり、メンタルに不調を来してしまうケースも珍しくないようです。「朝起きたとき、体が動かせない」「仕事に行くのがつらくて仕方ない」――。もしこんな状態になり、自分ではどうしようもないと思ったら、心療内科などを受診するときかもしれません。ハードルが高く感じる人もいるかもしれませんが、日常生活に支障が出るほど心が疲れてしまったとき、ぜひ頼りにしたい存在です。専門家のサポートを得ながらゆっくりと休んだら、また元気な姿で子どもたちの前に立つことも視野に入れてみませんか。

Column 4

子育てを支える
ファミリー・サポート・センター事業

子育てを応援する国の施策は数多くありますが、その一つが「ファミリー・サポート・センター事業」です。これは、乳幼児や小学生（児童）を預けたい希望者と、援助希望者の間をつなぎ、連絡や調整を行うもの。具体的には、園への送り迎え、保護者の外出や病気に際しての預かりなどを依頼でき、一部地域では病児・病後児の預かりにも対応しています。地域で子育てを相互援助するためのサポートシステムだといえるでしょう。こうした「子育てのお手伝い」は、かつての日本であれば、祖父母やご近所さんにお願いするようなケースが多かったと考えられます。しかし、現代では三世帯同居率が低下傾向にあり、都会では近隣との付き合いも希薄になりがちです。周囲と協力し合いながらの育児が難しくなっている今、保護者の精神的・肉体的負担を軽減するためには、こうしたサポートを活用することも重要です。保育者としては、適切なアドバイスができるよう情報収集しておきたいですね。

第５章

知っておきたい子どもの障害・特性

「気になる子＝発達障害」と即座に結び付けることは不適切ですが、
子どもの発達に関わる障害や特性について知識を深めておくことは大切だといえます。
発達障害の基礎知識や二次障害予防のための観点をはじめ、
保育者として知っておきたい７つのテーマについて詳しく説明します。

子どもの発達に関する障害・特性の考え方

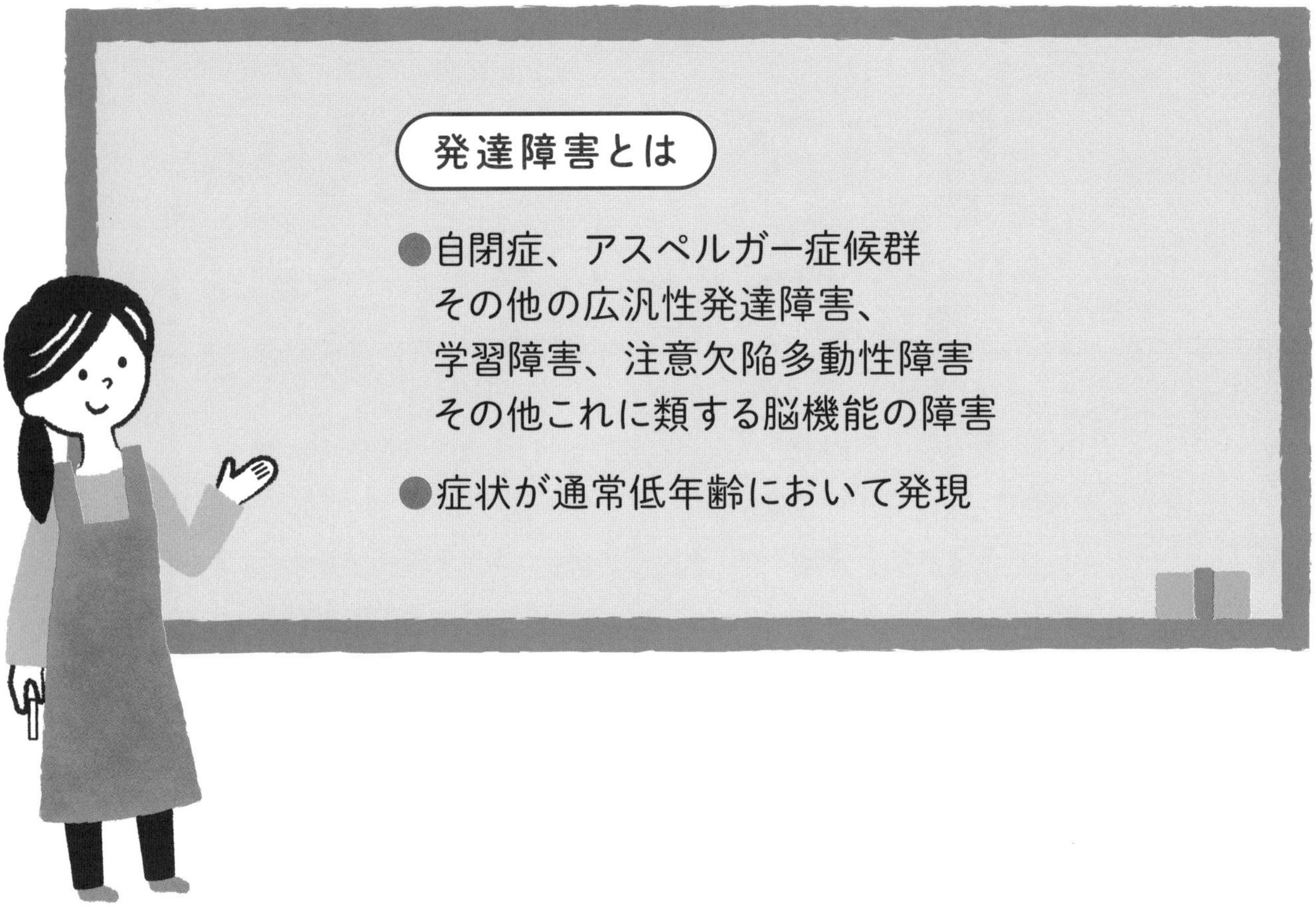
発達障害とは
●自閉症、アスペルガー症候群
その他の広汎性発達障害、
学習障害、注意欠陥多動性障害
その他これに類する脳機能の障害
●症状が通常低年齢において発現

基礎知識を備えた上での個別対応を

発達障害は「自閉症、アスペルガー症候群その他の広汎性発達障害、学習障害、注意欠陥多動性障害その他これに類する脳機能の障害であってその症状が通常低年齢において発現するものとして政令で定めるもの」と定義されています（発達障害者支援法）。近年では、「神経発達障害」や「神経発達症」といった名称で呼ばれることも増えているようです。

一般的に発達障害は「境界」が明確でなく、はっきりと障害の有無を示すことが難しいケースも多々あります。また、いくつかの障害や特性が同時に存在していたり、その子の成長や環境の変化に伴って、症状の出方に差が生じたり、診断名が変わっていったりすることも少なくありません。

保育の現場においては、障害や特性に関する一般的な知識を持った上で、目の前にいる子どもが抱えている困り事に注目し、個別性を重視しながら支援する姿勢が重要だといえます。

二次障害を予防する視点を忘れずに

発達障害を持つ人が周囲から正しく理解されず、その特性を理由に不適切な対応を受けることは少なくありません。特に、一見して障害があると分からないケースでは、「わがまま」「怠けている」「親のしつけが悪い」といった誤解を受けてしまい、叱責やいじめにつながることも珍しくありません。

そうしたつらい経験を経て心が深く傷つき、自尊心が低下していくと、二次的に障害が生じることがあります。これを「二次障害」と呼び、発達障害の本来的な特性がより強く出たり、別の症状や問題が起こったりします。後者の例としては、不安や気分の落ち込み、心身症、反抗や暴力などに加えて、学齢期以降には不登校や引きこもりに至ることもあります。

二次障害を予防することは、発達障害がある人への支援を考える上で重要なポイントの一つであり、保育者も二次障害を防ぐという観点で子どもに関わることが大切です。

二次障害が起こる過程

発達障害の特性そのものによる言動

↓

周囲の無理解による叱責や不適切な対応

↓

自尊心の低下、孤立

↓

二次障害が発現

- もともと有する発達障害の特性がより強く表れる
- ほかの症状やトラブルが新たに生じる（不安や気分の落ち込み、心身症、反抗や暴力、不登校など）

次ページより、子どもの発達に関連する障害や特性についての基本的な知識や、支援のポイントをまとめてお伝えします。

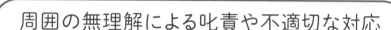

自閉スペクトラム症（ASD）

発達障害の中でも、自閉的な特性が強く表れることで、社会生活上の困難が生じる障害です。

これまで「自閉症」「広汎性発達障害」「アスペルガー症候群」といったさまざまな呼称が用いられてきましたが、近年ではこれらをまとめて「自閉スペクトラム症」などと呼ばれるようになっています。原因はまだ特定されていませんが、複数の遺伝的要因が複雑に関与して生じる、脳機能障害の一種と考えられています。

「スペクトラム」とは連続性を意味する言葉で、それぞれの特性の間が連続していて、明確な境界線がない様子をイメージすると分かりやすいでしょう。自閉症の特性が非常に強い子から部分的な特性だけある子までを含み、知的能力にも幅が見られる、かなり広範な概念だといえるでしょう。こうした特徴があるからこそ、一人ひとりのニーズをしっかりと受け止め、それに合った適切な支援を行うことが強く求められているのです。

診断基準

以下の条件が満たされたときなどに、ASDと診断されます※。

1．複数の状況で社会的コミュニケーションおよび対人的相互反応における持続的欠陥があること

2．行動、興味、または活動の限定された反復的な様式が2つ以上あること（情動的、反復的な身体の運動や会話、固執やこだわり、極めて限定され執着する興味、感覚刺激に対する過敏さまたは鈍感さなど）

3．発達早期から1、2の症状が存在していること

4．発達に応じた対人関係や学業的・職業的な機能が障害されていること

5．これらの障害が、知的能力障害（知的障害）や全般性発達遅延ではうまく説明されないこと

※e-ヘルスネット（厚生労働省）より

乳児期から視線が
合いづらかったり、
身振りをまね
しなかったりする

相手の言葉を
そのまま繰り返す
ことが多い
（オウム返し）

一つの物事に
興味が限定されるなど、
こだわりが
非常に強い

言葉を表面的に
とらえがちで、
コミュニケーションが
成立しづらい

発達性
協調運動症や
感覚過敏・鈍麻を
併せ持つことも

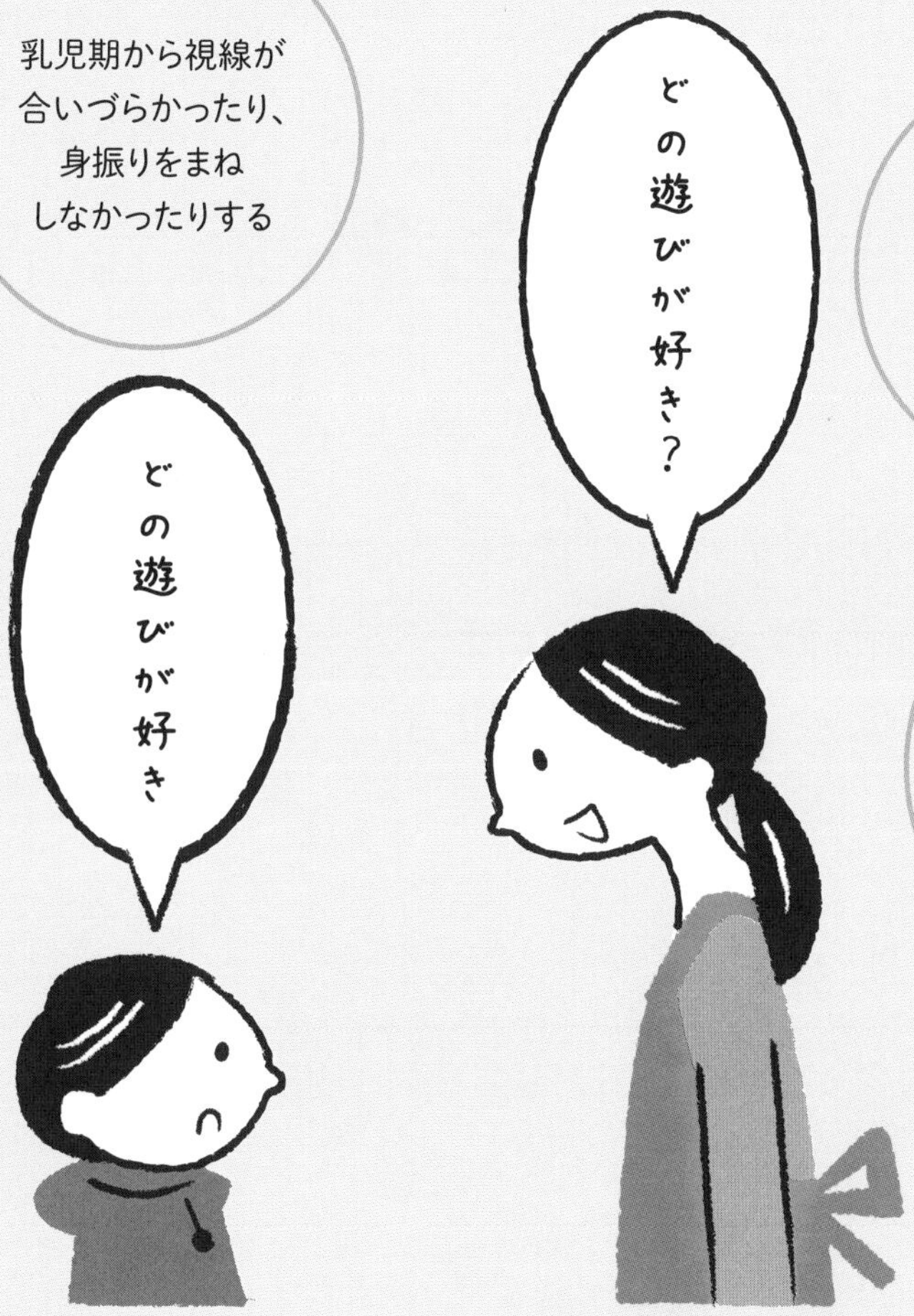

対応のポイント

気持ちを表現・理解する機会を増やす

相手の気持ちが読み取りにくく、自分の気持ちを表現することも苦手です。どのように言葉にすればいいか保育者が教えたり、ほかの子の思いを代弁したりする機会を増やしましょう。気持ちの調整が難しく、パニックになってしまった場合も、冷静に対応することが肝心です。

対応のポイント

やることの手順や区切りを明確化

順序立てて物事を進めたり、時間の感覚を把握したりすることが難しい傾向に。一度に複数の指示を出さず、手順や活動の区切りを明確にするよう気を付けましょう。言葉で伝えるよりも、視覚情報の方が理解しやすいため、イラストや写真を活用することも有効です。

対応のポイント

シンプルかつストレートな表現に

言葉の受け取り方が独特で、ほかの子には通じる表現が伝わらないこともあります。基本的には、できるだけ具体的で端的な表現を用い、はっきりと伝えることがポイントです。あいまいな表現や冗談、慣用句、代名詞の多用などは、混乱を招くため避けた方がいいでしょう。

注意欠如多動症（ADHD）

不注意、多動性、衝動性という3つの基本症状が組み合わさって、さまざまなトラブルや困難が生じる障害です。脳機能の障害が原因と考えられており、しつけや育て方によるものではありません。

不注意とは、必要な注意を払えない、持続できないことに加え、不必要な注意をやめられないことも含みます。多動性はじっとしていられないことで、授業中などにも立ち上がってウロウロしてしまいます。衝動性は、年齢相応の感情コントロールができず、思いついたことをすぐ実行してしまうことなどを意味します。

ADHDには3つのタイプがあり、約8割を占めるのが、すべての特徴を持ち合わせている「混合型」です。「不注意優勢型」では、ボーッとしている様子や片付けが苦手といった特徴が多く見られます。「多動・衝動性優勢型」はじっとしていることや感情のコントロールが苦手で、男児により多く生じやすいと考えられています。

診断基準

以下の条件がすべて満たされたときなどに、ADHDと診断されます※。

1. 「不注意（活動に集中できない、気が散りやすい、ものをなくしやすい、順序立てて活動に取り組めないなど）」と「多動－衝動性（じっとしていられない、静かに遊べない、待つことが苦手で他人のじゃまをしてしまうなど）」が同程度の年齢の発達水準に比べてより頻繁に強く認められること
2. 症状のいくつかが12歳以前より認められること
3. 2つ以上の状況において（家庭、学校、職場、その他の活動中など）障害となっていること
4. 発達に応じた対人関係や学業的・職業的な機能が障害されていること
5. その症状が、統合失調症、または他の精神病性障害の経過中に起こるものではなく、他の精神疾患ではうまく説明されないこと

※e-ヘルスネット（厚生労働省）より

相手の答えを
待たずに
しゃべり出す

手足をそわそわと
動かしたり、
しゃべり続けたり
する

絶えず
動き続けてしまう

思ったら
すぐに行動に移し、
待つことが苦手

いつもうわの空で
ぼんやり
している

忘れ物や
なくし物が多い

対応のポイント

多動性への配慮

静かに座っていられるなど望ましい行動が見られたら、即座に褒めるようにしましょう。思い切り動いてもいい時間や場所を設けたり、体を動かすことが生かせるような役割を担ってもらったりすることで、動きたい気持ちを発散させてあげることも大切です。

対応のポイント

注意力への配慮

自分の意思だけで症状を軽減するのは、非常に困難とされています。視覚刺激が少なくなるように机を配置したり、持ち物の置き場所やマーク付けの工夫をしたりすることで、注意力を保ちやすくなるようサポートしましょう。作業時間を短く区切ることも一案です。

対応のポイント

衝動性への配慮

順番を待つことの大切さなど、社会的なルールを根気よく教えていくことは重要ですが、すぐに改善するものではないため、保育者は焦らず気長に構えましょう。注意するときはできるだけ一対一を心がけるなど、自己肯定感が下がらないよう配慮します。

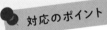

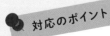

学習障害（LD）

知的発達に明らかな遅れがないにもかかわらず、努力しても学習の効果が上がらず、「聞く」「話す」「読む」「書く」「計算する」「推論する」という6つの能力のうち特定のものの習得や使用に著しい困難を示す障害です。近年では、「限局性学習症」と呼ばれることもあります。

小児期に生じる読み書きの障害について、「発達性ディスクレシア」と呼ぶこともあります。中枢神経系に何らかの機能障害があると考えられており、学校教育においては特別支援教育の対象になることがあります。

具体的には、文字を読む際の正確性や意味の理解などに困難がある識字障害、文字のつづり方や正しい文法の使用などに困難がある書字障害、数の感覚や計算の正確性などに困難がある算数障害という、3つのタイプに大別されます。自閉スペクトラム症や注意欠如多動症を併せ持つことが少なからずあり、それらも考慮した総合的な支援が必要なケースも想定されます。

こんな特性が出やすい

- 文字（文章）が読めない、書けない
- 単語や文節の途中で区切って読んでしまう
- 文末を適当に変えて読んだり、読めない字を飛ばしたりする
- 文字を一つひとつ拾うように読む
- 数の順序や大小関係、量的な感覚に乏しい

※学習障害の特性が目立つようになるのは、就学後に学習が始まってからです。

知的障害

知的能力障害（知的発達症）とも呼ばれる知的発達の障害で、知的機能と適応機能両面の欠陥が、発達期（おおむね18歳まで）に生じるものです。障害の原因としては、遺伝子症候群、先天性代謝障害、脳形成障害、感染症などが代表的なものとして挙げられます。

知能検査によって測定される知能指数（IQ）だけでなく、適応機能が重要な指標に。「軽度」「中等度」「重度」「最重度」の4つに重症度が分けられます。

重症度が高い場合は幼児期までに運動や言語、対人機能の遅れが見られやすい一方、軽度の場合は就学後に学業の困難さが目立つことで初めて発覚するケースも珍しくありません。乳幼児期の健診により適切なスクリーニングを行い、早期発見や療育につなげることが重要だと考えられています。また、本人へのサポートのみならず、家族への支援も極めて大切になる障害の一つだとされています。

対応のポイント

どこまで分かっているかを把握

保育者の指示の理解が難しい傾向にある一方で、理解できているかを問うと、分かっていなくても「分かった」と答えてしまうことがあります。言葉だけでなく、その子が何をどの程度理解できているか、保育者自身の目でしっかりと観察することが欠かせません。

対応のポイント

叱るだけでなく「楽しい」を大切に

いつも叱られてばかりでは、園がつらい場所になってしまいます。ほかの子と同じペースでの活動が難しいなら、その子に合ったゴールを設定したり、保育者が手助けしたりしましょう。「できた！」という感覚を積み重ね、園生活が楽しいと感じられることが重要です。

こんな特性が出やすい

- 理解している言葉が少ない
- 働きかけに対して反応性が乏しい
- 食事やトイレなどの自立がなかなか進まない
- かんしゃくを起こすことが多い
- 園での活動についていけない

発達性協調運動症

筋肉や神経、視聴覚などに異常がないにもかかわらず、運動の不器用さが極めて大きく発現して、学習や日常生活に困難を抱えることをさします。

ここでいう運動は、いわゆるスポーツや競技だけを意味するのではなく、日々の生活で体を動かすことすべて、特に「協調運動」をさしています。協調運動とは、体のいくつかの部分をつなげて行う運動のことです。例えばなわとびをするとき、縄を持つ手とジャンプする足、縄の動きを見る目などが一つのつながりを持って動く必要がありますが、こうした一連の動きが協調運動といえます。

発達性協調運動症を抱える子どもが苦手とする協調運動は、箸やスプーンを使ったり文字を書いたりするような「手や指を使う運動」、階段の上り下りやスキップ、ジャンプなどを含む「体全体を使う運動」、飛んでくるボールをキャッチするといった「目と手の動きを合わせる運動」に大きく分類することができます。

対応のポイント

「困り事」がどこにあるか探る

単に不器用さが見られるだけでなく、それによって日常生活に支障を来している状態が発達性協調運動症です。つまり、その子がどんな生活場面で、何に困っているかを具体的に把握することがまずは重要であり、個別性がある支援の基盤になると考えられます。

対応のポイント

不器用さをフォローする環境の工夫

運動の不器用さには環境面も大きく影響するため、人やもの、空間といった視点で適切な環境を整えることが大切です。例えば、運動しやすい場所を確保したり、その子が使いやすい道具や器具（例：つまみやすい太さや大きさのボタン）を用いたりすることが挙げられます。

こんな特性が出やすい

- ミルクの飲みが悪い、離乳食を食べるとむせる
- ハイハイ、お座り、歩行がうまくできない（できるのが遅い）
- 平坦な場所でも頻繁に転ぶ
- ボタンやファスナーをうまく扱えない
- 寄りかからずに座ると不安定になる

チック症／吃音

チックとは、突発的かつ反復して起こる素早い運動、あるいは発声のことで、本人はそうするつもりがなくても行ってしまうことが特徴です。目をパチパチしたり顔をしかめたりする「運動チック」と、奇声を発したり咳ばらいをしたりする「音声チック」に二分されます。

チックに先立って、「それをやらずにはいられない」というムズムズした感覚を覚えることがありますが、これを前駆衝動と呼びます。幼児期～思春期に発症することが多く、成人するまでに軽快する人が少なくありません。

一方、吃音とは、いわゆる「どもり」とも呼ばれる話し方の障害です。年齢に応じた滑らかな発話が難しく、単語の一部（特に最初の音）を繰り返す、話し始めに口ごもる、音を引き伸ばすなどしてリズムが乱れる、といった特徴的な話し方が見られます。ほとんどのケースで幼児期に発症し、成長に伴って症状が軽くなったり、消失したりすることも多いとされています。

対応のポイント

叱責や指摘による悪化を避ける

チック症は自分の意思でやめられるとは限らず、「わざとやっている」と叱られたり「やめなさい」と指摘されたりすると、かえって悪化する恐れもあります。本人や周囲が症状をどのように受け止めているか把握しつつ、生活を妨げない場合には経過を見守ることも一案です。

対応のポイント

安心して話せる雰囲気づくりを

吃音がある場合、周囲からの指摘やからかいにより、否定的感情を抱かせないよう注意しましょう。話し方の指摘や訂正、言葉の先取りをするよりも、つかえても最後まで遮らずに話を聞くことが優先。話すことの楽しさや、伝わったという自信を感じてもらいましょう。

こんな特性が出やすい

- まばたき、首を急速に振るなど、動きの癖を繰り返す
- 咳、鼻鳴らし、奇声など声の癖を繰り返す
- 「ぼ、ぼ、ぼくは」など言葉の一部を繰り返す
- 「ぼ――くは」など、初めの音を引き伸ばす
- 最初の言葉が出づらく、力が入ったり顔をしかめたりする

感覚過敏・鈍麻

発達障害を抱える子どもの中には、感覚の偏りが顕著に生じている子も存在します。

ここでいう感覚とは、いわゆる五感（視覚、聴覚、味覚、嗅覚、触覚）のほか、体の動きや力加減を感じ取る「固有覚」と、バランス感覚に関係する「前庭覚」も含んだ概念です。これら7つについて、通常よりも敏感な感覚を有するのが感覚過敏であり、逆に鈍感になるのが感覚鈍麻です。

感覚過敏と鈍麻、どちらの場合であったとしても、反応の出方が強いと苦痛を感じたり生活に支障が出たりして、結果的に不適切な行動につながってしまうケースが少なくありません。

感覚過敏では苦手な感覚刺激を避ける（あるいは軽減する）、感覚鈍麻では不足している刺激を加えるという方向性で、適切な支援が必要になります。子どもに対する具体的なサポートの方法については、第1章の事例20（66～67ページ）も参考にしてみてください。

こんな特性が出やすい
〈感覚過敏〉

- 周囲をあちこち見て気が散りやすい
- 大きな音、特定の音が苦手
- 「においが嫌」とトイレに行きたがらない
- 手が汚れたり、触られたりすることを避ける
- 衣類の素材に強いこだわりがある（チクチクしない、など）

こんな特性が出やすい
〈感覚鈍麻〉

- 動いているものを目で追うことが苦手
- 呼んでも振り向かないことがある
- 極端に濃い味付けを好む
- 何でも触ってしまう
- 痛みや暑さなどへの反応が薄い

Column 5

心が繊細すぎる子どもたち、「HSC」とは？

「繊細な人」「敏感な人」などと呼ばれることも多い、HSP（Highly Sensitive Person）という概念を知っていますか？　生まれながらに非常に繊細で敏感な気質を持つ人を指す言葉で、人口の５人に１人が該当するともいわれています。その「子ども版」となる言葉がHSC（Highly Sensitive Child）で、皆さんの身近にもいるかもしれません。HSPやHSCには、「DOES（ダズ）」という次のような４つの特徴があるとされています。

- 物事の考え方が深い（Depth of processing）
- 刺激に敏感（Overstimulation）
- 共感しやすい（Emotional response and empathy）
- 感覚が鋭い（Sensitivity to subtleties）

HSPやHSCの特性ゆえに、生きづらさを抱えているケースも少なくないのだとか。特に子どもに対しては、その気質を理解した上での的確な支援が必要だといえるでしょう。

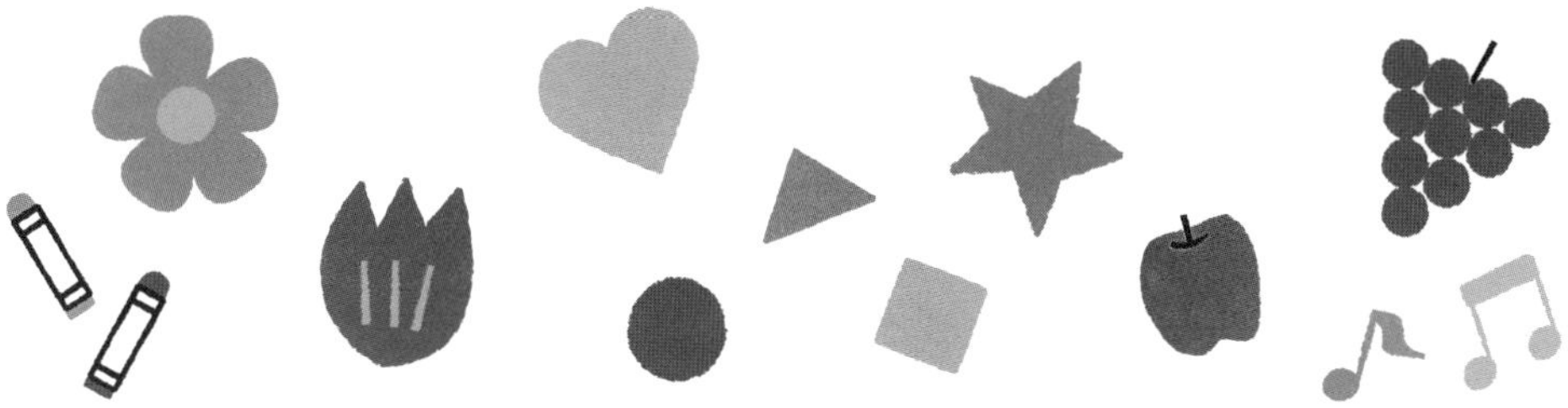

おわりに

「気になる子」という言葉が広がっています。知り始めの頃は、「気になる」というのは主観的で、大人によって違う見方になるのではと考えていました。しかし、発達障害の疑いで、クリニックを受診する子どもたちの姿が変わってきました。待合室で本を読んだり、ゲームをしたりして、静かに待てる子たちの姿が当たり前になっています。こういう子たちの姿は、いわゆる知的障害の子たちとは違います。通常学級で学ぶ子も増えてきて、会話もできたりします。

子どもたちの変容は、発達障害が増えているからなのか。あるいは、生育環境など別の要因からなのか。これまで、調査をしてきましたが明確な答えは出ませんでした。ただ、子どもの出生数は減少しているのに、発達障害（あるいは発達障害もどき）とされる子たちが増加することは、これからの将来に何らかの影響を与えるのは確かです。

この本では、発達障害の子どもへの発達的な見方を紹介しました。もしも、変わった行動などが見られる場合には、関わり方も紹介しています。発達にずれがある場合には、見方を変えることで適切な姿に修正できる可能性があります。そのような役に立つことを祈っています。この本は、日本文芸社さんと中澤仁美さんのお陰でできました。心からお礼申し上げます。

公認心理師　公益社団法人
発達協会 常務理事
湯汲 英史

参考

映像

- 坂爪一幸、湯汲英史（監修）：合理的配慮～知的障害・発達障害のある人への自立のためのコミュニケーション支援～第2巻 合理的配慮の実際．アローウィン，2016．
- 湯汲英史、一松麻実子、小倉尚子（監修）：発達障害へのアプローチ 第2巻 実践編．アローウィン，2011．

文献

- 湯汲英史：ふきげんな子どもの育て方 どうして、いつもイヤイヤなの?．岩崎書店，2020．
- 湯汲英史：感情をうまく伝えられない子への切りかえことば22．鈴木出版，2007．
- 湯汲英史：子どもが伸びる関わりことば26．鈴木出版，2006．
- 湯汲英史：0歳～6歳 子どもの感情コントロールと保育の本．学研プラス，2020．
- 湯汲英史：0歳～6歳 子どもの社会性の発達と保育の本．学研プラス，2017．
- 湯汲英史：0歳～6歳 子どもの発達とレジリエンス保育の本．学研プラス，2018．
- 湯汲英史、小倉尚子：決定権を誤解する子、理由を言えない子．かもがわ出版，2009．
- 石崎朝世（監修）、湯汲英史、小倉尚子、一松麻実子（編著）：保育に役立つ発達過程別の援助法．日本文化科学社，2009．
- 坂爪一幸、湯汲英史（編著）：知的障害・発達障害のある人への合理的配慮．かもがわ出版，2015．
- 日本発達障害学会（監修）：キーワードで読む　発達障害研究と実践のための医学診断／福祉サービス／特別支援教育／就労支援．福村出版，2016．
- 公益社団法人発達協会（監修）：ソーシャルスキルがたのしく身につくカード2 こんなときどうする?．合同出版，2018．
- 小倉尚子：支援者のレジリエンスを高めるためには．チャイルドヘルス Vol.23 No.10．診断と治療社，2020．

その他

- 障害者権利条約（外務省）
- e-ヘルスネット（厚生労働省）
- 発達障害者支援ハンドブック2020（東京都福祉保健局）
- 特別支援教育の概要（文部科学省 初等中等教育局特別支援教育課），2013
- 発達障害の理解（厚生労働省 社会・援護局 障害保険福祉部障害福祉課 障害児・発達障害者支援室），2019
- DCD支援マニュアル（令和4年度障害者総合福祉推進事業「協調運動の障害の早期の発見と適切な支援の普及のための調査」）
- 吃音、チック症、読み書き障害、不器用の特性に気づく「チェックリスト」活用マニュアル（厚生労働省 平成30年度障害者総合福祉推進事業）
- 巡回支援専門員を活用した効果的な子育て支援のために（特定非営利活動法人アスペ・エルデの会）
- 保育所等における外国籍等の子ども・保護者への対応に関する調査研究事業報告書（三菱UFJリサーチ&コンサルティング），2020
- ファミリー・サポート・センターのご案内（厚生労働省）

監修
湯汲 英史（ゆくみ えいし）
公認心理師・精神保健福祉士・言語聴覚士。早稲田大学第一文学部心理学専攻卒。現在、公益社団法人発達協会常務理事、早稲田大学非常勤講師、練馬区保育園巡回指導員などを務める。 著書に『0歳～6歳 子どもの発達とレジリエンス保育の本ー子どもの「立ち直る力」を育てる』(学研プラス)、『子どもが伸びる関わりことば26ー発達が気になる子へのことばかけ』(鈴木出版)、『ことばの力を伸ばす考え方・教え方 ー話す前から一・二語文までー 』(明石書店)など多数。

STAFF
デザイン………… 酒井好乃　日笠榛佳　邱 美幸 (有限会社アイル企画)
イラスト………… 石山綾子　むくた梨子　もものどあめ
撮影……………… 天野憲仁 (株式会社日本文芸社)
編集協力………… 高瀬麻起子 (公益社団法人発達協会)
編集・制作……… 中澤仁美 (株式会社ナレッジリング)

発達心理《はったつしんり》の専門家《せんもんか》が教《おし》える
保育《ほいく》で役立《やくだ》つ気《き》になる子《こ》のサポートBOOK《ブック》

2024年2月1日　第1刷発行

監修者　湯汲英史《ゆくみえいし》
発行者　吉田芳史
印刷所　株式会社光邦
製本所　株式会社光邦
発行所　株式会社 日本文芸社
〒100-0003　東京都千代田区一ツ橋1-1-1 パレスサイドビル8F
TEL 03-5224-6460(代表)
内容に関するお問い合わせは、小社ウェブサイトお問い合わせフォームまでお願いいたします。
URL https://www.nihonbungeisha.co.jp/

Printed in Japan　112240117-112240117 Ⓝ 01 (180020)
ISBN978-4-537-22176-3

編集担当　藤澤